Mohammed BECHA

Wuhan ou la naissance de la covid-19. Tome 2

Mohammed BECHA

Wuhan ou la naissance de la covid-19. Tome 2

Éditions Muse

Cover image: www.ingimage.com

Publisher:
Éditions Muse
is a trademark of
Dodo Books Indian Ocean Ltd. and OmniScriptum S.R.L publishing group

120 High Road, East Finchley, London, N2 9ED, United Kingdom
Str. Armeneasca 28/1, office 1, Chisinau MD-2012, Republic of Moldova, Europe
Printed at: see last page
ISBN: 978-620-4-96520-8

Mohammed Becha

Wuhan ou la naissance de la covid-19

Tome 2

La fin de la pandémie n'est pas pour demain, malgré la vaccination à grande échelle de la population mondiale. Son éradication pose un problème sérieux aux spécialistes de la santé publique en général.

Les laboratoires de recherches restent sur le pied de guerre contre cette maladie, qui n'arrête pas de muter et par voie de conséquences d'endeuiller les familles et le plus souvent les couper de leur intimité familiale. Le répit dans ces laboratoires est éphémère. On ne dormait pas et travaillait de jour comme de nuit pour trouver un antidote capable de stopper la progression de ce virus voire de l'éradiquer du globe.

Dans le monde entier on continue d'enregistrer des cas de malades par milliers. Les hôpitaux étaient débordés pour occuper même les couloirs. Le personnel médical n'en pouvaient plus et s'offrait de rares pauses, juste pour ne pas tomber de fatigue. Les médecins les plus exposés finissaient par être vaincus par le virus et succomber. C'est désespérant.

Même les économies du monde n'ont pas été épargnées. Impactées par cette pandémie, certaines entreprises, ruinées, ont dû mettre la clé sous le paillasson en attendant des jours meilleurs. D'autres, pour survivre, ont dû recourir à la compression de leurs effectifs, au grand malheur des pères de familles, touchés par cette mesure, ne sachant pas où trouver un emploi pour s'assurer le minimum vital.

Je continue de regarder l'écran où défile la vidéo prise la veille en ayant à l'esprit tous ces aléas apparus au lendemain de la pandémie. Le passage du simple port de masque au confinement à domicile, sans compter la distanciation sociale, ne s'était pas fait attendre.

Les services de sécurité veillaient au grain et verbalisaient tout individu pris en flagrant délit de transgression de ces mesures et les récalcitrants étaient conduits dans les commissariats pour être entendus. Mais pour le bien de tout un chacun, les gens avaient fini par comprendre les enjeux de telles mesures et se cantonnaient à la maison. Quant à ceux qui travaillaient, ils n'étaient pas inquiétés pour peu qu'ils portent le masque et une autorisation de circulation -sorte de laisser-passer téléchargeable sur son téléphone portable- délivrée par leurs employeurs ou les autorités sanitaires compétentes.

Sur l'écran de vidéoconférence, je vois notre patron en discussion avec Li Fun. Le ton monte. Il s'était passé quelque chose qui ne lui avait probablement pas plu. Li Fun est de nature calme. Il tentait de le calmer en joignant les gestes à la parole. Le patron jeta un coup d'œil dans la direction de la caméra, puis se rasséréna brusquement. La seconde qui suit, ils disparurent derrière une porte dérobée. Il ne voulait certainement pas que je sois témoin de cette scène. D'ailleurs, je me demandais pourquoi Li Fun ne l'avait pas effacée. Un méthodique, comme lui, n'oublie rien généralement.

Moi aussi, il était temps de quitter mon poste pour retrouver Roseline, qui avait pris quelques jours de repos. Notre dernier voyage à Wuhan l'avait éreintée. De ce fait, elle était restée à la maison pour garder notre enfant, qui lui manquait tant ces derniers jours passés en Chine, dans le cadre d'une mission de courte durée.

Je suis blâmable. Je ne vous ai pas parlé de la naissance de notre petit Yuba, qui a élu domicile chez sa grand-mère maternelle. Elle ne voulait pas nous le rendre, estimant que c'est à elle qu'échoit la charge de l'élever, plutôt qu'une nurse, dans de bonnes conditions, connaissant nos occupations dans l'entreprise où nous avons trouvé nos aises au travail.

Le confier à une baby-sitter ou le mettre dans une crèche relève de l'impossible, considérant nos obligations professionnelles, qui nous maintiennent en poste au-delà des heures légales de travail.

De notre côté, nous n'avions pas trop insisté, l'amour qu'elle porte à cet enfant est on ne peut plus incommensurable. Lui enlever l'enfant, c'est manquer de courtoisie à son égard, voire de respect.

Emanuel avait changé de comportement, pour être un homme parfait connaissant ses prérogatives, qu'il doit exercer au mieux des intérêts de l'entreprise. Il nous fichait la paix mais en retour, il était devenu très exigent sur les résultats, lesquels nous ne manquions pas de faire progresser.

Li Fun aussi ne tergiverse pas lorsqu'il s'agit de compromettre les intérêts de l'entreprise, qu'il connaissait parfaitement, l'ayant vue naître. La seule chose qui lui manque vraiment, c'est la présence de Legrant, qu'il aime beaucoup malgré sa disparition. Il avait laissé un vide qu'Emanuel ne pouvait pas combler. Ça, nous le savons tous et Li Fun beaucoup plus encore, pour avoir eu un important rôle à jouer dans la création de cette entreprise. Emanuel était trop jeune pour réaliser ce type d'opération. C'est dire que Li Fun y est pour quelque chose dans la réussite et l'expansion de cette entreprise. Il avait côtoyé le père d'abord à l'université avant de devenir des amis inséparables. C'est de cette amitié qu'est issue la délocalisation de cet entreprise Legrant à Wuhan.

Lorsque je pénétrais dans l'appartement, Roseline était dans le salon donnant la tétée à Yuba. Elle avait entendu les claquements de la serrure et de la porte se refermant derrière moi. Elle avait juste tourné la tête machinalement pour me voir arriver.

J'avais disposé un système d'ouverture électronique avec empreinte digitale, facilitant bien des choses. Pour une fois, je n'étais pas contre toutes ces inventions, qui empoisonnent la vie des citoyens lambda. J'ai trouvé le système très génial et de loin le meilleur par rapport au code chiffré ne présentant pas toute la sécurité requise.

Roseline s'était à peine retournée pour ne pas quitter l'enfant des yeux. Il lui manquait beaucoup, passant la majeure partie de son existence dans l'entreprise.

L'enfant jeta vers moi un regard enjoué. On pouvait voir ses commissures s'étendre, pour laisser entrevoir une risette, mais ne quittait pas le téton du sein de sa maman, qui me rappela bien des ébats. Un sourire éclaira mon visage.

Roseline, se doutant de mes profondes pensées, eut un sourire à son tour, qui en disait long sur cet intermède. Elle me tendit la bouche pour saisir à la volée d'un baiser ses lèvres à peine enrobées dans un rouge à lèvres anodin.

Yuba avait lâché le sein de sa maman resté ferme mais grossi par son contenu.

Roseline avait de gros seins qui ont pris du volume à la naissance de l'enfant. Elle pouvait donner la tétée à toute une nurserie.

Yuba, rassasié, retrouva son landau et son jouet préféré, libérant ainsi sa maman pour installer la table et prendre notre déjeuner.

Tarik, après avoir effleuré du dos de la main le bout du net de son enfant Yuba, alla dans les lavabos pour se laver les mains et se préparer à se mettre à table. Il se trouve que Roseline non plus n'avait pas déjeuné. Et comment ! Elle ne l'aurait jamais fait sans sa présence. Il lui arrivait de jeuner juste parce qu'il était absent pour une raison quelconque. Elle trouvait que jeuner était bon pour la santé. Ça lui permettait de garder la ligne et rester désirable comme au premier jour de leur rencontre avec Tarik.

Le repas était frugal. Des haricots verts sautés et un reste de poulet de la veille. Il restait aussi un peu de pomme mousseline. Il faut donc terminer avec le repas de la veille que nous aurions pu finir si ce n'était notre inappétence.

Nous sommes restés sages durant tout le déjeuner. Ce qui nous arrivait rarement. Les cris de joie de Yuba, jouant avec son éléphant avaient, à eux seuls, dominé le silence de la pièce et nous empêchaient de penser à autres choses, qu'à lui uniquement.

Je les quittai difficilement. Je repris mon poste de travail en me plongeant dans le labeur routinier de l'entreprise d'un cadre à la recherche de nouveautés.

Avant son départ pour Wuhan, M. Emanuel m'avait gratifié de toutes les responsabilités inhérentes à l'activité de l'entreprise. J'avais, en quelque sorte, les pleins pouvoirs. Rien ne se produisait dans l'entreprise sans que j'y sois au courant et donne mon accord. La responsabilité s'apparente à un devoir que l'on ne devrait jamais trahir.

Les employés connaissaient leur métier et ne faisaient rien, qui puisse risquer leur poste de travail. Ils connaissaient tous les humeurs d'Emanuel. Pour un oui et un non, ils pourraient se retrouver dehors en quête d'un nouvel emploi par cette crise de pandémie.

Durant toute la journée, nous avions assuré les réceptions de produits en provenance de Wuhan et les livraisons vers nos clients habituels. C'est ceci le rituel de l'entreprise : recevoir et livrer voire assurer le service après ventes, bien que nos produits ne souffrant d'aucune imperfection.

Généralement, un produit qui en présente avait pour source une mauvaise manipulation dans le milieu domestique de l'acheteur.

La fin de la journée ne s'était pas fait attendre. Je dois dire que j'aurais été content de revoir Li Fun à l'écran. Malheureusement, il ne s'était pas montré en différé à la fin de cette journée, probablement parti avec Emanuel pour traiter quelques affaires à l'extérieur.

Je ne vous étonnerais pas en disant que la pandémie ne s'est pas éteinte. Mais, les spécialistes en virologie et infectiologie ne dorment pas. Des vaccins fusaient de partout. Les premiers vaccins avaient été mis au point par les Chinois, la pandémie ayant pris naissance dans leur pays. Les Allemands et les Américains avaient produit leur propre vaccin, suivis de près par l'Angleterre.

Les pays fortement touchés par la pandémie étaient les premiers à vacciner leur population. On avait décidé d'inoculer la première dose suivie de deux autres à intervalles réguliers de vingt et un jours.

La pandémie connut une régression, mais n'était pas éradiquée, contrairement à ce qu'attendaient les spécialistes en virologie et épidémiologie. Des foyers subsistaient çà et là et les populations maintenues dans un état de confinement perpétuel. Ces dernières commençaient à désespérer, le bout du tunnel n'arrivant pas.

Par ailleurs, ces foyers endémiques servaient de sources d'infections, les habitants ne pouvant être maintenus dans un état de sédentarité perpétuelle. Ils acquièrent leur mobilité en bravant les interdits au prix d'une probable contamination.

Ces réactions ont été ressenties un peu partout dans le monde, même dans les pays communistes où la discipline est généralement de rigueur.

Les statistiques, inhérentes à la covid-19, données par l'Organisation Mondiale de la santé au 11.01.2023 se présentent comme suit :

–665.518.865 cas confirmés soit un taux de 8,319 % par rapport à la population mondiale ayant atteint les 8.000.000.000 d'habitants à la fin de cette année ;

–6.712.003 décès, soit un taux de 0,0839 % par rapport à la population mondiale et un taux de décès de 1,009 % par rapport au nombre de contaminés, se répartissant comme suit :

– **Etats-Unis**	**101 511 946**	**cas confirmés et**	**1.098.512**	**décès**
– **Inde**	**44 681 807**	**« «**	**530 713**	**«**
– **France**	**39 468 824**	**« «**	**163 262**	**«**
– **Allemagne**	**37 581 570**	**« «**	**163 425**	**«**

– Brésil	36 578 865	«	«	695 088	«
– Japon	30 868 874	«	«	60 800	«
– Royaume Uni	24 210 131	«	«	213 966	«
– Russie	21 528 662	«	«	386 283	«
– Australie	11 212 455	«	«	17 411	«
– Autriche	5 734 324	«	«	21 536	«
– Belgique	4 682 234	«	«	33 395	«
– Afrique Sud	4 050 890	«	«	102 568	«
– Chine	2 023 904	«	«	5 273	«
– Autres pays	301 384 379	«	«	3 219 771	«

Pour ne citer que ces pays, qui totalisent à eux seuls 364 134 486 cas confirmés et un rapport de 3 492 232 décès, soit plus de la moitié que le reste du monde totalisant un nombre de 301 384 379 cas confirmés et 3 219 771 décès.

Comme on peut le constater, les pays durement frappés par cette pandémie sont tous des pays développés ou en voie de l'être. Les Etats-Unis caracolent en tête avec un peu plus de 101 millions de cas confirmés et 1 million de décès. C'est énorme pour une grande puissance économique mondiale. Le paradoxe est qu'ils sont comme tout le monde, placé par ce virus sur le même pied d'égalité que le dernier pays d'Afrique ou Australe.

Dans ce pays, où la démocratie n'est pas un vain mot, les contaminations étaient favorisées par la mobilité des personnes pour qui la liberté individuelle est plus importante que la mise en œuvre des garde-fous nécessaires pour limiter davantage la contagion aux seules personnes, qui en sont exposées véritablement.

Cette pandémie n'a pas fait beaucoup de morts, le taux de létalité oscillant autour de 0 à 1%, tandis que la peste avait fait un carnage et la tuberculose en avait fait autant et continue à poser un problème de santé publique, comme l'aurait suggéré toutes les dispositions qui ont été prises pour la juguler.

Il convient de dire, quand même, que ce brutal mal du siècle avait mis le monde en émoi et continue de le faire malgré l'existence de soins avérés. Cette maladie est plus crainte que celle du SIDA ou tout autre maladie infectieuse et surtout contagieuse considérant les mises en garde énoncées çà et là, voire dans le monde entier pour arrêter sa propagation, par les autorités sanitaires locales et internationales.

Il ne sert à rien de réfléchir davantage sur ce fléau que l'on pourrait considérer, à juste titre, comme le coup de théâtre du siècle de par sa portée politique étant arrivé juste à la veille d'une crise économique mondiale devant frapper surtout les pays développés. Les récessions ne manquaient pas et les taux d'inflation caracolent autour des 25% dans certains pays d'Europe de la zone Euro.

Le moment de repartir à l'usine est arrivé. Je quittais la maison avec regret, Yuba m'ayant donné l'envie de rester encore un peu, question de savourer l'aura de de cette petite réunion familiale. Je partis sans me retourner, au grand dam de Roseline chez qui j'avais ressenti un besoin de tendresse. Je savais par expérience qu'un câlin n'aurait pas suffi à estomper ses prémices d'ardeur. Je la laissai donc au soin de Yuba, qui j'étais certain fera mieux que moi. Il a des manières à lui d'occuper sa mère dans un climat enthousiasmant. Inutile d'en ajouter plus.

Je n'ai pas ressenti le trajet devant me mener à l'usine. L'ombre de Yuba était présente dans l'habitacle de la voiture. Je pénétrai dans l'antre d'Emanuel tout souriant et allai d'abord dans le compartiment commercial pour m'enquérir sur les nouveautés de l'heure. Je ne fus pas surpris en constatant que Li Fun nous avait envoyé de nouvelles marchandises. Je dois prendre certainement contact avec lui via notre système de vidéoconférence. Alors, je ne m'attardai pas davantage au Commercial.

J'effleurai à peine le bouton de mise en marche de l'écran et ce dernier me livra les secrets de Wuhan. Evidemment Li Fun n'était pas là, mais j'étais sûr de l'avoir avant la fermeture. Leur escapade avec Emanuel n'ayant pas duré longtemps.

Le temps s'écoulait doucement, surtout que j'avais une envie folle de revoir Roseline, même si cette envie est partagée avec Yuba.

Dehors, on chargeait les camions des dernières livraisons. Je ne m'inquiétais pas beaucoup, les agents étant rompus à cette tâche. Mais, les vrombissements de moteurs étaient inhabituels. Je décidai de prendre part à cette livraison. Je m'enquis sur place des raisons de ces bruits. On m'apprit que l'un des camions devant être chargé avait des défauts de freinage, les bouteilles ne se remplissant pas normalement et donnaient des signes de fuites de liquide de frein. Comme je n'avais pas l'intention de renouveler le cas précédent de Mézières, j'avais demandé à ce que l'on remplace le camion, quitte à faire appel à un transporteur extérieur, ce qui n'était pas dans nos habitudes, ou de reporter la livraison avec le consentement du client. Finalement les choses étaient rentrées dans l'ordre, le mécanicien ayant procédé au changement d'une tubulaire défectueuse. Le départ de la livraison avait pris un peu de retard, mais le client aura sa marchandise. Chez nous, satisfaire le client, est une devise dans l'esprit de tous les commerciaux.

Je fis quelques pas dans la cour, avant de regagner mon bureau, car c'est là que se passait l'essentiel de mon travail. Surtout je ne voulais pas que notre patron me trouve absent de mon poste et que j'aurais à lui exposer les motifs.

J'eus juste le temps de m'asseoir et de me saisir de la souris pour actionner l'ouverture de l'écran qui me reliait à Wuhan. Je ne fus pas surpris que l'écran s'allume de lui-même et Li Fun apparut à l'écran l'air grave. Je me demandai quelle mauvaise nouvelle allait-il m'annoncer. Jamais je n'ai vu Li Fun dans un état de désappointement aussi grave. Il leva la main droite en guise de salut à l'indienne. Je lui répondis de la même façon et l'interrogea !

– Que se passe-t-il, Li Fun ?

Il me répondit d'abord en hochant les épaules puis parla ;

– Rien d'important. Nous avons perdu un de nos grands clients de la place. Il faudrait que je fasse des pieds et des mains pour le ramener. Il s'est accroché avec Emanuel, qui n'avait pas su s'imprégner des traditions chinoises. Au fait, il est en route pour Paris.

Il se tut en gardant cet air dépité. Considérant la situation, je voulais les inviter, lui et son épouse à passer quelques jours à Paris. Ce n'est pas une mauvaise idée de lui faire changer d'air. Il oubliera très vite cet aléa, qui semble lui peser de tout son poids.

– Dis-moi, tu pourrais venir passer quelques jours à Paris, après avoir rallié le client ? Tu referais connaissance avec Yuba.

Il connaissait Yuba lors de son dernier passage à Paris, mais pas son épouse Chikako. Il était tout enchanté. Enfin, je perçus un sourire sur son visage marqué par le temps. Il joignit les deux mains avant de me répondre.

– Ce serait avec plaisir. Le nouvel an chinois est dans quelques jours. Je dois le passer avec ma famille.

J'avais oublié que les Chinois passaient leurs fêtes en famille. J'étais confus et rétorquai immédiatement.

– Mais, lorsque tu aurais un moment de libre.

Il joignit de nouveau les mains en guise de remerciements et acquiesça de la tête tout en disant :

– Nous arrangerons cela plus tard.

Ce qui l'inquiétait, c'était l'état d'esprit d'Emanuel en route pour Paris. Et je comprends ses inquiétudes. En arrivant, il mettra certainement quelques-uns à la porte. Question de compenser ses pertes en Chine, si elles viendraient à se réaliser. J'ai pensé à Roseline. Elle sera certainement la première à en payer les frais. C'est moi qui l'ai fait entrer dans l'usine, avec

son consentement, bien sûr. Cela ne m'ébranlait pas, puisqu'elle aura Yuba à élever et allègera le fardeau à sa mère qui peine à joindre l'utile à l'agréable dans leur restaurant.

Li Fun se sépara de moi comme à ses habitudes et quitta le bureau. Une autre caméra me le montra sortant de l'usine en route certainement pour revoir son client mécontent.

Moi, par expérience, je savais qu'Emanuel mettra un peu de temps avant de venir à l'usine. J'avais tout mon temps pour organiser les choses à sa convenance. C'est ce qui l'aime le plus en venant à l'usine. Je me mis donc au travail immédiatement. J'avais pris le temps nécessaire de réunir le personnel pour l'informer de l'arrivée impromptue d'Emanuel et pris quelques dispositions pour ne pas le décevoir.

En arrivant à Paris, Emanuel ne vint pas tout de suite à l'usine. Il visita quelques clients importants d'abord, question de se mettre dans le bain des affaires à Paris. Mais, il arriva au deuxième jour, l'air rasséréné, la clientèle parisienne étant très satisfaite des produits « Legrant » et du service des Ateliers Electroménagers de France, Legrant.

D'abord, il passa par le service commercial que nous avions fait déménager dans l'aile extrême droite. Très satisfait, il demanda à être connecté avec Wuhan. Avec un peu de chance, Li Fun serait toujours présent dans l'usine, devenue par la force des choses sa deuxième demeure. J'allumai l'écran central, qui me mettait directement en relation avec notre homme. Li Fun est toujours là. Il attendait que l'on se connecte, probablement, pour un contact visuel. S'il est là, c'est qu'il a des choses à dire au patron.

Une discussion s'engagea entre lui et le patron en Chinois. Je fis mine de m'en aller, pour laisser le patron seul avec son second. Il me retint par le pan de ma veste. Je repris ma place et écoutai la conversation toujours en Chinois. J'avais compris les quatre-vingts pour cent de ce qui se disait, le Chinois d'Emanuel étant très rudimentaire et à ma portée.

Roseline et moi avions continué à parler Chinois en aparté pour ne pas l'oublier, à titre préventif et au cas où le patron déciderait de nous envoyer à Wuhan. Evidemment, nous ne serions pas obligés de partir, mais la Chine est un beau pays où nous aimerions vivre un moment devant se chiffrer en années chinoises.

Lorsqu'il finit de parler, il se tourna vers moi et me dis :

– Tu sais, Tarik, nous avons un excellent collaborateur à Wuhan. Il a réussi à ramener notre client dans le giron de notre entreprise. Quelle bonne nouvelle. C'est formidable ! Ça.

Il se tut et regarda dans la direction de Li Fun, qui n'est pas encore parti. Je fis semblant de marquer de l'intérêt à ses dires, en les approuvant et applaudissant en même temps. Je lui répondis :

– Li Fun est un homme bien. Et vous, vous ne manquez pas de charisme pour que ce client ait accepté de revenir dans votre entreprise. Il savait qu'il ne trouvera pas meilleurs produits que les vôtres sur des milliers de kilomètres à la ronde.

Ceci est vrai. Les produits « Legrant » étaient fabriqués d'une façon irréprochable tant en qualité qu'en design.

Ses yeux avaient brillé. Au début je pensai qu'il était en colère. Mais rien de tout cela. Le compliment avait agi sur lui comme un coup de fouet, surtout venant de moi. Puis il me dit en sourdine, comme s'il s'agissait d'un secret et qu'il y avait d'autres gens autour de nous, qui ne devraient pas en prendre connaissance.

-Vous savez Tarik, j'ai presqu'envie de repartir maintenant à Wuhan. Il faut que j'y retourne demain. Prenez soin de l'usine.

Il s'en alla après ces entrefaites. Il était tout content. Il se retourna une dernière fois pour me saluer de la main, genre « Au revoir ! ». J'entendis sa voiture démarrer ainsi que le crissement des pneus, ayant forcé sur l'accélérateur.

Li Fun regardait la scène et attira mon attention de la main. J'avais compris qu'il voulait me dire quelque chose d'important. Je me rassis et l'informai qu'il est possible qu'il soit demain à Wuhan. Puis, j'attendis sa réaction.

-Oui, il est question qu'il vienne. Il doit rencontrer notre client, qui attend des excuses de sa part.

Je le savais aussi, puisqu'ils en ont discuté de ça, lors de leur entretien en Chinois.

Je lui balbutiai quelques mots, pour lui dire qu'il était en route. Nous nous quittâmes ainsi, sans donner d'autres nouvelles. Je ne voulus rien apprendre de ce qui s'était passé entre lui et le client. Si Li Fun l'avait jugé nécessaire, il m'aurait mis au courant. Par ailleurs, je savais que Li Fun avait fait l'impossible pour rallier de nouveau ce client. Il l'avait fait en pensant à moi, pour sauver la tête de Roseline d'une vindicte sans nom. Peut-être que je me trompais et qu'Emanuel nous voulait que du bien. Rien ne l'obligeait à me garder, ni à garder Roseline dans son entreprise.

Roseline qui s'inquiétait de mon absence, ne manqua pas de m'appeler sur la ligne de bureau. Je lui répondis en disant que j'arrivai au galop.

J'entendis son rire percer le hautparleur du bigophone. Elle aime ce terme, qui faisait allusion à des mustangs galopant en plaine. Cela m'avait fait chaud au cœur. Moi aussi, je pense à elle et elle me manquait vraiment.

A la maison, je retrouvais tout mon bonheur entouré de ma petite famille, à laquelle je tenais beaucoup. Roseline avait changé de look. Look qui me donna le tournis. Je ne savais plus si je devais m'occuper de Yuba, qui faisait tout pour attirer mon attention ou de Roseline, qui avait haussé le ton de la séduction. J'ai commencé par Roseline, Yuba pouvant attendre son tour, ce dernier étant occupé avec son éléphant, qu'il faisait barrir. Je serrai Roseline dans mes bras, comme si je ne l'avais pas vue depuis une éternité. Je ne lui avais pas dit qu'elle venait d'échapper à une erreur d'appréciation commise en Chine par notre patron. Elle se serait révoltée probablement, mettant en exergue ses compétences. Elle aussi me serra très fort pour me prouver ses sentiments, qui n'ont pas été étiolés par l'arrivée de Yuba. Cette étreinte nous amena dans les firmaments où les Dieux avaient élu domicile. Nous n'entendîmes même pas les cris de joie de notre enfant jouant avec son robot éléphant.

Généralement, le samedi nous le passons à la maison. C'est le jour des grands ménages réalisés par une équipe spécialisée dans l'hygiène sanitaire. Ils passaient au peigne fin tous les coins et recoins de la maison en ne laissant rien au hasard. Nous occupons le jardin pendant l'opération de nettoyage et de désinfection, Yuba ayant besoin d'un endroit clean et d'un air pur pour être en bonne santé dans un environnement sain. Fourqueux, bien qu'éloigné de Paris, recevait son quota de pollution atmosphérique, par vent d'Est.

Nous ne voulions en aucun cas que notre fils soit infecté par ce virus, combien même ce virus l'aurait aidé à parfaire son immunité. Mais, il faisait tellement souffrir, que nous ne voulions pas qu'il l'attrape et pour se faire nous en éloignons les causes et circonstances.

A Colombes, Farouk, juché sur son siège habituel, remerciais les clients quittant son restaurant l'air content et le ventre rassasié. En me voyant arrivé, il se leva et vint vers moi l'air jovial. Il m'apostropha :

– Ça fait un bail que tu ne t'es pas montré de ce côté-ci ?

J'ai dû me retenir pour ne pas éclater de rire et étonner quelques clients qui n'avaient pas encore quitté le hall.

– Ça c'est toi qui le dis. Je t'amène Yuba, qui ne cessait pas de te réclamer. Tu l'as habitué aux gâteries et nous en payons les conséquences.

Evidemment, par habitude Roseline et l'enfant étaient passés par la porte de service. Ils ne m'avaient pas suivi vers la porte principale du restaurant.

Farouk n'avait rien ajouté. Il m'enserra dans ses bras avec quelques tapes dans le dos. Je fis de même. Bras dessus, bras dessous, nous pénétrâmes dans le restaurant encore bondé de monde, la covi-19 ne faisant plus peur. Les gens vivaient leur vie advienne que pourra. Je ne mis pas longtemps dans le restaurant. Je devais regagner les coulisses pour voir Clotilde affairée avec le personnel des cuisines. Au passage, je serrai Clément dans mes bras, dans un coin à l'abri de la clientèle.

Je trouvai Roseline assise sur une chaise dans le petit salon familial et Yuba jouant avec son robot, qui ne le quittait jamais. Clotilde était très contente. Elle accourra en s'essuyant les mais avec son tablier. Je fis quelques pas dans sa direction. Elle me sauta au cou. Des larmes de joie coulaient de ses yeux bleus. J'étais un peu confus. Je ne savais pas qu'une semaine d'absence sans les voir pouvait provoquer chez eux autant de sentiments. Je jetais un coup d'œil dans la direction de Roseline. Elle avait baissé les yeux, n'ayant rien à dire.

Il arrive des moments où notre intimité pouvait passer avant les retrouvailles familiales. Alors qu'est-ce que ça serait, si nous étions partis à Wuhan, et il n'est pas exclus que ça ne se produirait pas.

Je fus rejoint par Farouk, venu voir Roseline et Yuba, qui ne s'étaient pas déplacés dans la salle de restaurant. Puis ce fut Clément qui confia la caisse à un chef de rang. Le tableau aurait été complet, si Antoine resté à la maison nous avait rejoints dans cette assemblée familiale pour qui les sentiments sont plus importants que les intérêts.

Ces moments de faiblesse dépassés, nous prenions deux fauteuils contigus à celui de Roseline, pour discuter un moment de tout et de rien. Moi, j'étais pressé de retrouver le jeu 421 en compagnie de Farouk.

Farouk mit fin à cette réunion en me demandant de l'y rejoindre dans la salle de restaurant. Il avait déjà retiré le jeu de dessous la caisse, pour lancer quelques dès, tout en s'informant mutuellement des nouvelles de la semaine.

Ce que j'avais remarqué, c'est que Farouk trimait durement pour maintenir à flots son restaurant. Qu'on est-il des autres qui n'arrivaient pas à réunir le minimum de leur clientèle pour assurer leurs gains ? Cette pandémie n'a pas seulement affaibli les gens au plan santé et pécuniaire, mais les avait mis à genou pour quémander leur pitance.

Clotilde, qui avait troqué son tablier pour une tenue décente, avec Roseline étaient déjà en route pour la rue de l'Industrie. Je ne tardais pas à les y rejoindre, ne pouvant occuper Farouk durant son service.

La soirée fut agréable pour tous et particulièrement pour Yuba qui passait de mains en mains comme un jouet bien désiré. Il adorait tirer les

moustaches de son grand-père ou la crinière de sa grand-mère. Je peux dire qu'il nous avait fuis durant cette soirée passée avec son autre famille.

Avec Farouk, nous avions parlé de bled et de l'ouverture des frontières notamment, qui reste un sujet d'actualité de la communauté franco-algérienne. Je lui avais rappelé l'idée de faire un voyage ensemble cet été. Nous profiterons de cette occasion pour voir le Sud algérien dans sa splendeur oasienne et aller à la découverte de quelques vestiges de nos ancêtres du Hoggar et du Tassili Najar.

Aujourd'hui, il est possible de visiter ces deux régions grâce aux efforts consentis dans le domaine touristique, ayant permis l'installation de grands hôtels touristiques et l'existence de circuits touristiques avec des guides bien informés sur les régions.

Le retour à la maison fut des plus difficiles à cause de Yuba qui ne voulait pas partir. Yuba s'étant attaché fortement à sa grand-mère maternelle, Clotilde, et particulièrement à sa crinière, qu'il ne voulait pas lâcher. Allez savoir pourquoi. Clotilde trouvait cela amusant et l'encourageait même, de ce fait, dans son entreprise.

Dans le monde, les taux de contamination à la covid-19 connaissent une forte baisse due principalement à la vaccination des populations. Mais après cette vaccination, de nouvelles souches étaient apparues, mettant en émoi les laboratoires ayant produit les vaccins. Il fallait faire d'autres recherches pour s'assurer que le vaccin est compatible aux variants. Cela les avait rassurés. Il ne restait plus qu'à vacciner les gens plusieurs fois pour leur assurer l'immunité requise.

Le dernier en date est omicron, apparu d'abord en Afrique du Sud, mais aussi en Israël, Allemagne, Belgique. Cette appellation est le choix de l'OMS, les autres lettres de l'alphabet grec « nu » et « xi » étant inappropriées en raison de causes diverses. Peu d'informations filtrent pour que le public sache à quoi s'en tenir dans une pandémie telle que celle présente. Il ne sait plus où donner de la tête et surtout à qui faire confiance, puisque même les professeurs en médecine ne sont pas d'accord entre eux sur les applications à mettre en œuvre pour venir à bout de ce virus nouvelle génération.

Dans les pays occidentaux, la covid-19 semble s'accrocher profondément, mais le nombre de cas est en nette régression par rapport aux mois précédents.

En France on n'enregistre plus que quelques milliers de cas par jour, soit 5.627 cas, tandis qu'on enregistrait auparavant des centaines de milliers. La vaccination et la prise de conscience des gens pour observer les mesures de sécurité sanitaires y sont pour beaucoup dans la diminution des cas de contamination, par voie de conséquences de décès également.

Au 17/01/2023, en France, le nombre de personnes ayant reçu au moins une dose est de 54 641 386 et le nombre de personnes complétement vaccinées est de 53 737 470. Le taux de positivité est en baisse de – 33,73 % en une semaine, taux très significatif et en rapport avec le nombre de personnes vaccinées.

La situation reste préoccupante de par la virulence de l'agent pathogène en cause, malgré une diminution progressive des contaminations. Le masque est porté à tempérament voire par habitude ou parce qu'un foyer de grippe saisonnière aurait fait son apparition çà et là.

En Chine un regain de contamination a été enregistré pour inquiéter le gouvernement et l'inciter à prendre des mesures adéquates telles que le confinement et la vaccination rendue obligatoire. Ils demeurent maîtres de la situation, puisqu'au bout de quelques jours, la levée du confinement avait été décrétée. Les statistiques inhérentes à la covid-19 dans ce pays, n'ont pas tellement changé puisqu'on peut lire le même nombre de décès soit 5 273 et 2.023.904 cas au 11 janvier 2023. Ces chiffres sont controversés, ne reflétant pas la réalité du terrain.

Nous avons pu recueillir sur le site de l'Organisation Mondiale de la Santé quelques statistiques inhérentes à la covid-19 et ses variants, que nous reproduisons ci-dessous :

Dans le monde :

- **683.359.681 cas ;**
- **6.827.089 décès ;**
- **656.319.157 guérisons ;**
- **20.213.435 hospitalisés.**

Le nombre de décès représente un taux d'un peu moins de 1 % soit 0,999 % par rapport au nombre de contaminés, quant au nombre de guérisons, il représente un taux de 96,0430 % et ce grâce aux mesures de sécurité sanitaires et la production de vaccins que les grandes puissances économiques ont mis sur le marché pour venir à bout de ce nouveau fléau.

Par pays nous avons relevé :

- **U.S.A 105.979.879 cas, 1.151.778 décès ;**
- **Indes 44.696.984 cas, 530.808 décès ;**
- **France 39.704.749 cas, 165.377 décès ;**
- **Allemagne 38.306.781 cas, 169.802 décès ;**
- **Brésil 37.204.677 cas, 699.917 décès ;**
- **Japon 33.424.672 cas, 73.764 décès ;**
- **Corée-Sud 773.460 cas, 34.223 décès ;**
- **Italie 25.673.442 cas, 188.933 décès ;**
- **Roy-Uni 24.448.729 cas, 209.396 décès ;**

Russie 22.595.199 cas, 397.109 décès ;

- **....**
- **Chine 503.302 cas, 5.272 décès.**

....

Pour ne citer que ces pays considérés à la pointe de la technologie et des économies mondiales.

La Chine a connu un regain de la pandémie, qui a fait grimper les statistiques de contaminations à celle que nous avions enregistrées, soit 503.302 cas, tandis qu'initialement elles étaient seulement de quelques milliers très négligeables par rapport à la densité humaine dans ce pays.

Les avancées technologiques ont eu raison de ce nouveau fléau au regard des chiffres précités, notamment le nombre de contaminés dans le monde par rapport à la population mondiale dépassant les huit milliards d'habitants, et le nombre de décès par rapport à celui des contaminés.

Le pourcentage des contaminés par rapport à la population mondiale est de 8,541 %, tandis qu'il aurait pu être plus important, considérant sa rapidité de contagion ; et, le taux du nombre de décès par rapport à la population est de 0,085338 %.

L'hécatombe provoquée par la peste noire en raison de l'absence de soins et de vaccins est inégalable par rapport à toutes les calamités ayant frappé le monde depuis le dix-neuvième siècle.

Revenons aux activités de l'entreprise Legrant. A Wuhan Li Fun s'était préparé à recevoir Emanuel parti précipitamment à la suite de la nouvelle qu'on lui avait annoncée. Il avait déjà préparé une entrevue avec le client. Il avait même retenu une table dans un des grands restaurants des lacs.

Dans le monde des affaires, c'est ainsi que la plupart des différends se réglaient, autour d'un déjeuner, d'un diner voire d'une simple collation.

A Paris, j'avais donc, de nouveau, les coudées franches. Je n'attendais que leur apparition sur l'écran central, pour m'informer des résultats de leurs démarches, que je savais être fructueux. Mais, je devais quand même m'en inquiéter, juste pour être rassuré définitivement sur ce différend, qui n'aurait jamais eu lieu sans la frivolité de notre patron.

Ainsi, je ne m'inquiéterais plus sur le sort de Roseline, qui pèse un peu sur la masse salariale de l'entreprise, donc le bénéfice, sachant pertinemment qu'Emanuel n'aimait pas voir ses gains se réduire pour quelles causes que ce soit. Il disait au personnel et à toutes les occasions, que chez lui, les résultats sont inaliénables et incompressibles. Ceux-ci doivent augmenter ou se stabiliser, mais en aucun cas baisser. Et si ce serait le cas, il faut agir sur les charges, en pensant à la masse salariale, qu'il faudrait réduire. Comme on le sait, la réduction de la masse salariale, ne pouvant se faire sans compression des effectifs.

Emanuel et Li Fun se font désirer. Pour une fois, j'étais impatient de les voir apparaitre à l'écran. Chose qui ne se produisit pas. Je m'étais dit que les Grand-Lacs les avaient accaparés pour ne penser à rien qu'aux contenus de leurs assiettes. Dans les grands restaurants chinois, on mange bien et on prend son temps de bien digérer chacune des bouchées.

Il était dix-sept heures passé à Paris et une heure du matin à Wuhan. Emanuel et Li Fun ne se montraient toujours pas. Mais comme l'usine travaillait vingt-quatre heures sur vingt-quatre, j'avais espoir que Li Fun se montrerait, juste pour me dire quelque chose. Il savait, que je m'inquièterai davantage, en ne connaissant pas les résultats de leurs démarches auprès de ce client. Mais ce ne fut rien.

A côté, dans les service commercial et annexe les employés se préparaient à partir. J'entendais les bruits des chaises qu'on déplaçait et ceux des portes des armoires qui se refermaient sur leurs contenus. Je m'étais dit que j'attendrai encore quelques instants avant de partir, moi aussi. Li Fun ne dormant presque jamais, ferait certainement un tour à l'usine, comme il avait l'habitude de le faire. Et moi, je partirai en étant fixé sur mes préoccupations du moment.

Donc, je continuais de regarder les enregistrements de la veille, tout en mettant de l'ordre dans mes prévisions pour les journées à venir. J'aimais mettre à jour mon tableau de bord qui me renseigne sur l'activité générale de notre usine. Et puis, Emanuel, c'est toujours la première chose qu'il me demande de lui présenter.

Une heure passée et il n'y avait toujours pas de Li Fun. Sur ce, j'avais décidé d'abandonner le guet et rentrer à la maison pour me faire tancer par Yuba, pour qui mes retards de ces derniers jours ne se justifiaient nullement.

Le fait que Li Fun ne se soit pas montré ou ne m'ait pas laissé de message me taraude l'esprit. Je savais qu'Emanuel est un couche-tard, véritable produit de son père. Mais, à l'inverse son père ne fut pas titillant à l'endroit de ses employés. Il savait ce qu'il voulait et savait comment l'obtenir en véritable manager.

Je rentrais chez moi à Fourqueux. A Fourqueux, la vie est paisible. On entendrait une mouche voler. C'est tout le contraire de nos précédentes habitations. Ici, ce que l'on peut entendre à profusion, c'est le chant des oiseaux diurnes et nocturnes ainsi que le bruissement des feuilles des grands arbres faisant office de brises vents et de purificateurs de l'air ambiant. Je ne regrettais pas d'avoir emménagé dans ce lieu à l'apparence édénique.

Yuba est là dans son landau, jouant avec son robot éléphant, tantôt le faisant tinter, tantôt le faisant barrir aléatoirement, ne s'arrêtant jamais sur un son ou un air ou un barrissement.

Roseline aussi était là. Elle, c'était le contraire. Elle avait l'air grave et interrogatif. Elle se demandait ce que cachaient tous ces retards et ces airs d'un homme préoccupé. Elle ne savait pas que son poste était en jeu, sachant pertinemment que si Emanuel devait réduire les effectifs, il commencerait par elle, étant la seule employée susceptible d'être victime de la compression d'effectif et que je ne lèverais pas le petit doigt pour défendre sa cause.

J'ai fait en sorte que la soirée se déroule comme à nos habitudes. J'ai relégué mes sombres pensées à mon subconscient pour les noyer au plus profond de l'inconscient. Et puis, il y avait Yuba. A lui seul, il dériderait tous les fronts froncés. Victor Hugo avait raison de dire à propos de la naissance d'un enfant. Je cite :

« ...
« Son doux regard, qui brille, fait briller tous les yeux »
« Et les plus tristes fronts, les plus souillés peut-être, »
« Se dérident soudain à voir l'enfant paraître… »

Victor Hugo.

Le lendemain matin je partis comme à l'accoutumé, bien que j'aie une envie folle de partir très tôt, avec l'espoir de voir se manifester Li Fun et me fixer sur leur entretien avec leur client mécontent. Mais, je ne fis rien, pour ne pas devoir à expliquer à Roseline ce départ matinal précipité. Je l'inquiéterai pour rien.

Il faut dire que je n'avais jamais conduit aussi vite, comme ce fut ce matin. Je suis allé directement dans mon bureau, sans faire ma ronde habituelle, pensant la réaliser plus tard.

La première des choses que je fis, ce fut de me connecter avec Wuhan. A ma grande surprise, j'ai remarqué que dans la boite de dialogue, il y avait un message. Li Fun m'informait qu'il ne sera pas là de la journée, il part avec Emanuel en Nouvelle Zélande où émergent d'autres perspectives de développement. A la fin du message, il y avait un sticker, le pouce tendu vers le haut à la manière romaine, pour me dire que tout est dans l'ordre.

Ce n'était pas pour autant que je devais me tranquilliser, connaissant l'humeur versatile de mon patron. Je devais donc attendre son retour de Nouvelle-Zélande pour me rassurer définitivement sur le sort de Roseline. Dans le fond, Roseline se plait à la maison depuis la naissance de Yuba. J'avais relevé qu'en allant travailler, elle le faisait presqu'à regret.

Je m'étais rappelé que je devais faire ma ronde habituelle. Je quittais le bureau pour le Service Commercial où se faisait le gros de l'activité, puis les ateliers de prises en charge des ventes et des retours après ventes. Tout baigne, comme on dit. Le personnel connait son boulot, donc, il n'y avait pas lieu de le tarabuster.

Très souvent les maux, dans l'entreprise et dans le travail en général, proviennent du manque de confiance placée en les employés par le patronat.

Je devais vite reprendre mon poste de travail. Je pouvais être contacté à tout moment en visioconférence par Emanuel, via son téléphone portable relié directement à la centrale. La technologie aidant, Emanuel pouvait surveiller son entreprise par simple pression sur un bouton de son téléphone portable.

La pandémie de la covid-19 régressait rapidement avec la mise sur le marché de plusieurs vaccins. L'apparition de nouvelles souches inquiétait peu les gens habitués depuis son apparition à de nouveaux cas plutôt

endémiques. Mais, il faut reconnaitre que les voyages étaient très restreints et ne s'effectuaient que dans les cas d'utilité impérieuse de service, pour que la contamination se propage davantage.

En Chine, une nouvelle tension liée au rebond de la covid-19 faisait craindre le pire. De nouvelles dispositions avaient été prises par le gouvernement pour juguler ce nouveau sursaut de la covid-19. Les décisions de confinement n'ont pas été appliquées sans heurts avec la population, manifestant son droit à la liberté individuelle, les flux de malades vers les hôpitaux locaux ne les ayant pas dissuadés.

Les Chinois avaient fait un travail de fourmis, puisqu'on ne parla plus de ce regain d'activité de la covid-19 au bout de quelques jours seulement.

Quant à l'OMS, celle-ci considère que le masque constitue un outil clé pour la lutte contre cette pandémie. Elle relève aussi que l'accès aux médicaments demeure insuffisant à l'échelle mondiale. D'un côté, les produits sont rares sur le marché et de l'autre ils ne sont pas à la portée de tous les Etats, pour certains très démunis.

Toujours est-il que les laboratoires bataillent pour améliorer l'efficacité de leurs vaccins et surtout pour assurer leurs parts du marché, l'un n'allant pas sans l'autre.

En Algérie, on ne parle plus de la covid-19, ni même de ses variants. Les cas relevés sont ceux concernant des personnes rentrant au pays avec de faux certificats de vaccination. Les statistiques mises à jour en janvier 2023 font état de :

- **271 328 cas confirmés**
- **6 881 décès**

Tandis que le dernier bilan de la pandémie de la covid-19 en Algérie, communiqué par le Ministère de la Santé le 16 décembre 2022, fait état d'un total de :

- **271 164 cas confirmés,**
- **182 609 guérisons,**
- **81 674 hospitalisés**
- **6 881 décès, recensés depuis l'apparition de cette pandémie en mars 2020.**

Les cas de contaminations et de décès dans le pays se comptent sur les doigts de la main. Néanmoins, les Algériens restent vigilants ces derniers temps et à la moindre alerte, on voit apparaître spontanément les masques voire l'application des distanciations sociales. Personne ne voudrait être malade et surtout mourir de la covid-19 ou de ses variants.

J'avais toujours à l'esprit mon vœu d'effectuer un voyage éclair au pays, qui m'avait vu naitre. Deux raisons se bousculent dans mon esprit :

- **Revoir mes parents que je ne vois qu'en vidéoconférence ;**
- **Présenter à toute la famille mon épouse et Yuba, qu'ils ne cessent de me réclamer.**

La situation professionnelle dans laquelle je me trouvais, ne permettait pas ce genre de rêve. Je ne voulais pas bousculer les choses, surtout en ce moment.

Roseline est en parfaite sérénité voire plénitude avec Yuba. Elle semble ignorer tout ce qui gravite autour d'elle, pour ne s'intéresser qu'à son petit garçon. Je suppose qu'elle a de bonnes pensées pour moi aussi, assurément. Je le sais par égoïsme. Mais pas autant qu'elle en a pour Yuba, certainement. C'est aussi mon cas.

J'avais fini par me demander s'il ne valait pas mieux de lui poser la question. Je sais qu'elle ne dirait pas non et qu'elle ne chercherait même pas à trouver un motif valable pour l'opposer à mon idée de rentrer au pays. Mais, est-il sage de créer une discorde pour répondre à un vœu, que je véhicule comme une charge, dont je voulais me débarrasser ? Non ! Certainement pas.

Je fus tiré de mes rêveries par le tintement de la cloche d'un véhicule spécial, passant par là. Ce n'était pas celui des pompiers. Je ne cherchais plus à savoir de quel véhicule il s'agissait et qui avait provoqué en moi ce drôle d'effet.

Je renouais avec Wuhan. Cela me faisait plaisir de voir les Chinois au travail. On n'entendait que le bruit des machines, pas une seule voix humaine n'était perceptible aux haut-parleurs.

Ce fut ainsi, pendant trois jours consécutifs. Li Fun et Emanuel s'étaient volatilisés. Ce n'était pas la première fois qu'ils allaient en Nouvelle Zélande. Qu'est-ce qui avait pu bien les retenir là-bas sans me donner signe de leur vie ? Les affaires certainement. Comme disent les Anglais « business is business ». Cela me suffisait pour ne plus m'en inquiéter.

Je suis allé dans l'atelier « C » pour superviser une importante livraison. Mes gars étaient des employés modèles. Ils n'avaient négligé aucun détail. Tout était dans les règles de l'art, comme on dit.

Le retour dans mon bureau en transitant par le Service Commercial fut bref. Je m'intéressais encore à l'écran central resté éteint, pendant que les autres me livraient la hardiesse des Chinois au travail. Je voyais le contremaître mener son équipe au doigt et à l'œil. Tout se faisait dans la sérénité. Aucune contrainte ne se lisait sur ces visages placides n'ayant

d’intérêt que pour leur travail. Je me disais, en soliloquant, que la Chine n'est pas devenue une troisième puissance mondiale par enchantement. Son peuple y est pour beaucoup.

D’ailleurs, nous avons tous vu les Chinois à l’œuvre. Ils ont réalisé des investissements monumentaux dans leur pays, jusqu’à créer des ponts aériens pour désenclaver les régions montagneuses d’accès difficiles. Et ça, ce n’est pas rien ! En véritables bâtisseurs, ils ont réalisé une autoroute aérienne de plus de cinquante-cinq kilomètres enjambant un bras de mer.

A Huang shan, c’est toute une ville à une architecture futuriste qui sort de la terre. Ce qui peut paraître difficile pour certains, trouve vite des solutions chez les Chinois.

Le renflement du moteur du camion de dernière génération me tira subrepticement de mes contemplations. Dans le cœur de son bahut, de quelques dix-huit mètres de long, étaient rangés les équipements électroménagers destinés à un seul client suisse domicilié à Bâle. Une véritable fortune était cachée dans l’antre du camion. Je le regardais partir, laissant derrière lui un halo de fumée noire s’effilochant dans l’air ambiant de la cour de l’usine. Je me disais intérieurement :

– Voilà le genre de livraison chiffrée à des millions d’Euros, qui fera plaisir à Emanuel.

Sur ces entrefaites, je reprenais mon poste de travail. C’est là que tout s’arrangeait et prenait forme. J’étais presque content de moi, comme si j’étais le seul à être à l’origine de l’opération, tandis que des centaines d’employés s’étaient succédé pour voir paraître un produit final emballé et mis à la disposition du consommateur.

Le reste de l’après-midi se passa comme à l’ordinaire. Il m’arrivait de penser à Yuba, l’imaginant jouant avec son robot ou réclamant sa tétée. Là, je voyais les tétons roses des seins blancs de sa maman au milieu d’une auréole rosie par le sang nourricier. J’eus brusquement envie de partir pour assouvir cette faim bestiale, qui m’empêchait de travailler comme tous les autres jours. Je rallumais l’écran central en espérant que Li Fun ou Emanuel se serait connecté en vain. Je me remettais à regarder les Chinois travailler juste pour me détourner de mes sombres pensées charnelles. Je finis par y parvenir, non sans peine.

En Nouvelle-Zélande, Emanuel et Li Fun avaient rejoint Auckland, dans le Nord de l’Ile, pour descendre dans un des Grands Hôtels du Queen Street. Je ne serais pas étonné s’ils ne choisissaient pas le Quest on Queen Street pour louer deux appartements avec services, Emanuel n’aimant pas partager avec d’autres, dusse-t-il être Li Fun, ses suites dans les hôtels.

Je connaissais l'endroit pour y avoir séjourné durant une semaine avec Roseline. Ce fut notre escapade durant notre congé en Chine. C'était Li Fun qui nous l'avait recommandé. Nous n'avions pas été déçus, bien au contraire, nous rêvions d'y retourner durant nos congés. Ainsi, Yuba fera ses premiers pas à Auckland.

Avec Auckland, le fuseau horaire marquait douze (12) heures de décalage horaire. Ce n'est pas rien. Lorsqu'il est dix-sept heures à Paris, il est cinq heures du matin à Auckland. Faites vos comptes !

Avec Wuhan, c'est la même chose. Le décalage horaire n'est que de huit (8) heures. Pour communiquer avec Li Fun, je choisissais les premières heures du matin, car après c'est impossible ; il faudrait que l'un de nous se sacrifie pour demeurer en poste après les heures normales de travail. Li Fun a cette qualité. Le plus souvent, il quitte les ateliers vers vingt-deux heures. Ce qui me donne largement le temps de communiquer avec lui si nécessaire.

Mon retour sur le plancher des vaches ne fut pas aisé. Mes rêveries devaient prendre fin, car c'est le moment de rentrer à la maison.

Je retrouvais enfin ma famille, Roseline suivant une émission féminine sur sa chaine de télévision préférée et Yuba jouant avec son robot et bien d'autres jouets devant l'occuper durablement. Je pris place à côté de Roseline sur le grand canapé.

La journée fut rude, rien de meilleur qu'un bon bain chaud, pour retrouver toute ma motilité. Je ne me fis pas prier. Au bout d'une demi-heure, je fus frais et dispos. Je ne vous dirai pas que Roseline avait sacrifié un peu de son temps pour me donner un coup de main. Elle s'en fut tenue à l'essentiel, refusant de se mettre sous l'eau à cause de Yuba. Je lui donnais raison et n'avais pas insisté.

Pendant que je me douchais, elle nous avait préparé un encas de sa spécialité et une théière de véritable thé chinois. Son odeur suffit à me mettre en conditions de dégustation. Elle l'avait préparé avec soin, comme l'aurait fait Mme Chikako l'épouse de Li Fun.

A la maison, nous avons toujours un artéfact, le thé des hautes montagnes, une tasse ming, une aquarelle de Chikako et etc…, qui nous rappelle Li Fun et son épouse Chikako. De ce fait, ils étaient toujours présents dans notre quotidien.

Je ne l'avais pas dit. Mme Chikako est une excellente aquarelliste pour avoir peint toute la région des grands lacs et tout l'environnement de leur demeure jusqu'aux passants traversant l'espace extérieur de leurs fenêtres. Les peintres chinois savaient manier avec dextérité les pinceaux et le bout de leurs doigts si nécessaire ; ils le font avec passion et engouement.

La soirée fut très anodine. Nous l'avions vécue en famille, dédaignant une sortie dans le parc ou dans la rue de l'Industrie, chez mes beaux-parents. Nous avons réservé cette éventualité pour le weekend. Les retrouvailles en famille nous réconfortaient tous pour avoir passé de bons moments très conviviaux.

Une semaine s'était écoulée sans grandes surprises, sinon le retour d'Emanuel et de Li Fun à Wuhan. Je me demandais si Emanuel n'allait pas rappliquer à Paris les jours prochains. Li Fun ne m'avait pas informé sur le contenu de leur séjour en Nouvelle-Zélande. Il avait laissé cette initiative à Emanuel certainement.

Ce n'est pas que je sois curieux, mais tout ce qui touche à l'entreprise, me touche aussi. Nous sommes deux à travailler pour le compte d'Emanuel, nous n'aimerions pas que le chiffre d'affaires tende à la baisse. Cette crainte ne nous quittait jamais, même si les intentions d'Emanuel à notre égard sont emprunts de cordialité. Et puis, notre devoir est de faire progresser l'entreprise pour que tout le monde y trouve son compte.

Dans le moment, nous avons besoin d'argent et pour en gagner, il faut travailler. Emanuel nous donne du travail et un salaire, nous le lui rendons sous une autre forme en nous dépensant et lui faisant engranger des bénéfices. La différence de taille, c'est qu'Emanuel peut nous remplacer et ce ne sont pas des employés de notre catégorie qui manquent sur le marché du travail. Alors soyons sérieux et demeurons clairvoyants lorsqu'il s'agit de travail, qu'il faut réaliser avec soin et sans fioritures.

Roseline et moi travaillons côte-à-côte et, ce, depuis que M. Legrant l'avait recrutée pour améliorer le système de communication avec Wuhan.

Le plus souvent je la laissai gérer seule nos relations avec Wuhan, pendant ce temps, je supervisais les réceptions et expéditions de marchandises. Ce n'est pas chose aisée. Il y a toujours un accroc, mais vite réglé, qui vient rendre la tâche ardue.

Les semaines voire les mois passaient très vite. Notre voyage en Algérie se voyait reporté d'un jour à l'autre, combien même que la pandémie de la covid-19 et ses variants aient considérablement baissé pour se rendre compte que la vie normale dans les villes et villages avait repris son cours.

On ne parle plus de virus mais de travail. La crise économique issue de la période de pandémie a mis à genoux nombre de sociétés, qui peinent aujourd'hui à retrouver leurs activités normales. Il fallait donc se démener comme un diable pour se maintenir à flot et ne pas perdre pied pour mettre sa clef sous le paillasson. C'est ce que Li Fun ne cesse de faire. Il est tout le temps en visite de réchauffement auprès de sa clientèle. Ce qui l'avait amené à Auckland.

Pendant ce temps, Emanuel, s'ennuyant en Chine, avait décidé de rentrer à Paris. Ce qui n'est pas de ses habitudes de partir en l'absence de Li Fun. Il est comme ça et rien ne pouvait le changer.

En arrivant à l'usine, la première décision qu'il avait prise, c'était de nous envoyer, Roseline et Moi, à Wuhan où, selon lui, sa présence n'est plus utile, Li Fun et moi pouvons facilement gérer les affaires. Ce qui ne manqua pas de nous laisser perplexes, nous qui rêvions depuis le début de cette pandémie de rentrer au pays. Je voyais mes randonnées au Tassili Najjer s'évanouir, nous qui en rêvions depuis longtemps. Je me demandais quels Dieux faudrait-il prier pour exaucer nos vœux de voir enfin notre pays.

Sa présence à Paris n'était pas fortuite. Nous nous doutions qu'il préparait quelque chose de semblable. C'était prévisible. Nous devons nous préparer dans les meilleurs délais, Emanuel ne nous ayant pas fixé de délai pour partir.

En rentrant le soir à la maison, nous sommes allés à la rue de l'Industrie, pour informer Clotilde et Farouk de la décision d'Emanuel de nous envoyer en Chine.

Je ne vous cacherai pas que cette nouvelle avait suscité des mécontents. Tous les visages avaient changé de teint en virant du rouge au pal à l'annonce de cette nouvelle, qui ne fit pas l'unanimité.

Clotilde avait les larmes aux yeux et s'en prend violemment à Emanuel.

Farouk, lui, me demanda de démissionner et que son restaurant était prêt à nous accueillir, comme si nous étions faits pour et que le travail nous manquerait si nous quittons notre actuel boulot.

Des idées fusaient de part et d'autres, mais aucune ne convenait à notre situation. Nous devons donc réfléchir en aparté pour décider de ce que nous

devrions faire et qui soit en harmonie avec nos vœux. Nous ne sommes plus un couple mais une famille. Pour ça, il faudrait que nous rentrions chez nous à Fourqueux. Ce que nous avions fait durant les minutes qui avaient suivi. Après tout, cela nous concernait et nous devons prendre seuls la décision de partir ou de rester.

En arrivant à Fourqueux, nous étions désemparés à l'idée d'imposer à notre Yuba un nouveau paysage du fait que nous ne pouvions pas le laisser à Paris. Yuba venait de fêter son troisième anniversaire et avait été mis dans une école privée en préscolaire. Il avait su s'intégrer pour se faire des ami(e)s qu'il n'aimerait pas quitter certainement.

Seuls, nous avions pesé le pour et le contre. Le pour avait dominé la scène. Nous devons donc nous préparer à partir. Nous avons commencé à préparer nos bagages dès le lendemain très tôt le matin.

Emanuel attendait notre réponse avec anxiété. Nous la lui donnons sans condition. La date de départ fut fixée en tenant compte de nos besoins en termes de temps.

Lorsque nous sommes arrivés à Wuhan, c'était Li Fun et son épouse qui était venus nous accueillir à l'aéroport. Il nous avait emmenés dans notre logement, une suite indépendante dans la région des grands lacs, un endroit sublime de par sa situation géographique. Nous avions déposé nos affaires avant de renouer avec le climat convivial de la résidence de Li Fun, où nous étions invités à diner.

Trois jours après, je pointais au bureau. J'avais pris la place d'Emanuel. Je fus briefé rapidement par Li Fun sur la situation avant de prendre le train en marche.

Roseline prit un peu plus de temps pour rejoindre son poste de travail en raison de Yuba à qui elle devait trouver une école préscolaire. Mme Chikako, très au fait de la situation, ne tarda pas à lui trouver une place dans une crèche pour enfant de son âge. Ce qui soulagea, quelque peu, Roseline dans la quête d'une école susceptible de convenir à son enfant.

Roseline avait rejoint un groupe de travail chargé de l'engineering et du développement où elle devait apporter sa pierre à l'édifice. Li Fun ayant jugé que c'est dans ce service qu'elle mettra ses compétences à l'épreuve.

Les premiers jours furent très difficiles pour nous à cause de Yuba qui ne cessait pas de réclamer Clotilde sa grand-mère maternelle. Nous dûmes le sortir, après la crèche, dans les parcs forts nombreux de Wuhan et les week-ends nous l'emmenons à la compagne. Les soirs venus, fatigué, il dormait comme un ange et nous donnait la paix, de par sa turbulence. Yuba est très actif. Il courrait dans tous les sens et avions de la peine à le suivre.

S'étant habitué à Chikako, qui le gavait de friandises chinoises, il nous arrivait de le récupérer auprès d'elle, dans sa maison.

C'était ainsi que nous menions notre vie à Wuhan où Emanuel ne se montrant que pour aller en visite auprès de ses clients d'Australie ou de Nouvelle-Zélande. Quelques fois, il demandait à Li Fun de m'emmener avec lui pour m'initier à ce travail de marketing. C'était ainsi que j'avais réalisé plusieurs de ces missions et rallier à l'entreprise d'autres clients de souche française établis depuis longtemps dans ces pays.

Un jour, alors que nous étions en train de diner chez Li Fun, ce dernier me posa la question de savoir si nous désirions rentrer lors de notre congé au pays. C'était une question qui m'est allé droit au cœur. Je fus surpris que Li Fun ait pensé à mes congés en Algérie, tandis que je les passé dans l'un des pays de l'Asie du Sud. Sur le coup, je ne savais pas quoi lui répondre. Mais l'idée de fouler le Tassili Najjer me tarabustait l'esprit. C'est ainsi que nous avions préparé à partir de Wuhan notre premier voyage en Algérie. D'ailleurs, nous n'étions pas seuls, Li Fun et Chikako nous avaient accompagnés.

Li Fun et Chikako s'étaient bien documentés sur le pays. Ils connaissaient l'Algérie pour l'avoir visité virtuellement. Quant à Roseline, elle tombait des nues. Elle venait d'être confrontée à la réalité du terrain. Elle trouvait que l'aéroport Houari Boumediene était très beau. Comme nous avions atterri de nuit, nous avions pris chacun une suite dans le grand Hôtel de l'aéroport.

Nous avions passé tous ensemble une semaine chez mes parents. Li Fun et Chikako ont, pour la première fois, goûté aux figues d'Algérie. Ils les trouvaient succulentes. Ils m'ont demandé si ce type d'arbre ne réussirait pas en Chine. Je lui ai répondu, qu'il devrait faire un essai.

En Chine et dans les autres pays asiatiques les fruits de saison ne manquent pas. Il y en a à profusion. Les ingénieurs agronomes ne dorment pas et passent leur temps dans des laboratoires où se font les greffes pour obtenir d'autres variétés. L'Asie et un pays où règne l'abondance en maîtresse des lieux et, ce, dans tous les domaines, de l'agriculture à la pêche et de l'industrie au commerce. Rien n'est laissé au hasard, la main de l'homme est présente partout pour stimuler la production.

Nous partîmes d'abord pour Tamanrasset. Je savais qu'on organisait des randonnées pédestres dans les monts de l'Hoggar dans l'Assekram et de Tahat dans l'Atakor.

Après avoir fait quelques randonnées dans le massif du Hoggar, nous louâmes une voiture pour nous rendre à Abalessa où fut enterrée la reine Touareg Tin Hinen.

De retour à Tamanrasset où nous passâmes deux jours, nous partîmes à Djanet visiter la ville et ses environs. Nous nous intégrons dans un groupe de touristes pour visiter le Tassili Najjer.

Li Fun et Chikako furent subjugués par la beauté des sites. Mais, ils trouvaient que le tourisme n'est pas assez développé dans les régions visitées. L'Etat devrait investir davantage pour rendre au public et touristes ces sites plus attrayants. Comparés aux sites des montagnes jaunes, de Tien Man et bien d'autres sites touristiques chinois, il reste beaucoup à faire en Algérie.

Ensuite vint le tour de la région d'Illizi. Des endroits sublimes où le tourisme est resté à l'état larvaire. Le retour à Tamanrasset fut bref.

Nous quittâmes l'Algérie pour la Chine emportant dans nos bagages quelques souvenirs de l'artisanat algérien achetés çà et là.

La reprise de travail fut des plus difficiles en raison des fatigues accumulées durant notre voyage.

Emanuel, à qui Li Fun avait montré quelques photos, fut très intéressé par l'Algérie où il compte s'y rendre dans les prochains jours. Son atavisme commercial ne le laisse pas indifférent, lorsqu'il s'agit de conquérir de nouveaux territoires pour assurer une expansion à ses activités.

A Colombes, Farouk s'inquiète, à juste titre, sur l'évolution de la covid-19 et de ses variants. Les dernières statistiques fournies par le Ministère de la Santé sont inquiétantes. Les cas de contaminations, au lieu de baisser, connaissent une augmentation fulgurante. Ceci est en contradiction avec les mesures sanitaires appliquées jusqu'ici et la vaccination d'une importante population. On dénombre plus de 80 % des Français, qui ont été vaccinés, mais cette opération n'avait pas donné les résultats escomptés, comme on pouvait le constater suivant les statistiques relevées, qui font de la France, après les USA et l'Inde, le troisième pays du monde le plus infecté et le huitième pays ayant enregistré plus de décès.

Voici les statistiques à l'échelle mondiale :

– Monde	761.401.518 cas confirmés,	6.886.987 décès.
– USA	102.697.566 cas confirmés,	1.117.054 décès.
– Inde	44.707.525 cas confirmés,	530.841 décès.
– France	38.677.413 cas confirmés,	161.857 décès.
– Allemagne	38.338.298 cas confirmés,	170.493 décès.
– Brésil	37.204.677 cas confirmés,	699.917 décès.
– Japon	33.421.785 cas confirmés,	73.747 décès.
– Corée du Sud	30.773.460 cas confirmés,	34.223 décès.
– Italie	25.673.442 cas confirmés,	34.223 décès.
– Royaume-Uni	24.286.411 cas confirmés,	210.396 décès.
– Russie	22.603.646 cas confirmés,	397.146 décès.
– Turquie	17.004.677 cas confirmés,	101.419 décès.
– Espagne	13.790.580 cas confirmés,	120.170 décès.
– Vietnam	11.527.210 cas confirmés,	43.186 décès.
– Australie	11.077.631 cas confirmés,	19.511 décès.
– Argentine	10.044.957 cas confirmés,	130.472 décès.
– Pays-Bas	8.608.123 cas confirmés,	22.992 décès.
– Iran	7.575.422 cas confirmés,	145.220 décès.
– Mexique	7.527.885 cas confirmés,	333.449 décès.
…		
–Afrique du Sud	4.070.434 cas confirmés,	102.595 décès.
–Irak	2.465.545 cas confirmés,	25.375 décès.
–Nouvelle-Zélande	2.206.394 cas confirmés,	2.662 décès.
…		
–Maroc	1.272.622 cas confirmés,	16.296 décès.
–Tunisie	1.151.593 cas confirmés,	29.355 décès.
–Arabie-Saoudite	832.709 cas confirmés,	9.629 décès.
–Lybie	507.206 cas confirmés,	6.437 décès.
–Egypte	515.882 cas confirmés,	24.821 décès.
– Algérie	271.539 cas confirmés	6.881 décès.
…		
– Chine	227.030 cas confirmés,	5.226 décès.

…

–Vatican	**26 cas confirmés,**	**0 décès.**
–Corée du Nord	**1 cas confirmé,**	**0 décès.**

Par rapport à la population mondiale qui dépasserait les huit milliards d'habitants au 31.12.2022, le taux de contamination avoisine les 9,52 %, très peu significatif considérant le manque de médicaments spécifiques à ce nouveau virus à l'origine de cette pandémie. Quant au taux de mortalité par rapport à la population mondiale, il est de 0,0860 % et par rapport au nombre de contaminés, avec un chiffre approchant, il est de 0,9047 %. Là également, le taux de mortalité est peu significatif considérant les manques de soins du début de la pandémie.

C'est aussi le résultat de la mobilisation des services de santé mondiaux qui n'avaient ménagé aucun effort pour endiguer la pandémie et stopper sa propagation. Des médecins de toutes catégories mourraient au chevet des malades, parce qu'ils avaient été contaminés et en l'absence de soins adéquats, ils avaient péri. Cela n'avait pas découragé les autres dans leurs activités, bien au contraire, ils avaient redoublé d'efforts, sachant pertinemment qu'ils viendraient à bout de ce fléau, qui endeuillait les familles.

La France occupe la troisième place après les USA et l'Inde, en termes de contaminations à l'échelle mondiale. Les taux de contaminations par rapport au nombre de contaminés dans le monde est de 5,0508 % et de décès par rapport à la mortalité mondiale est de 2,350 %. Mais par rapport au nombre de contaminés en France, il est de 0,418 %.

Statistiquement parlant, la population mondiale a eu plus de peur que de mal.

Evidemment, la pandémie est toujours là et le virus n'est pas encore vaincu et ça, c'est l'affaire des chercheurs en virologie et infectiologie. Nous savons qu'ils ne dorment pas, mais tardent à rassurer la population mondiale sur son éradication en produisant un vaccin à la hauteur de toute attente. Mais comme chacun travaillait dans son coin, il est difficile de cerner de très près ce fléau pour lui trouver une contrepartie capable de le neutraliser pour ne plus infecter la race humaine.

D'ailleurs, lorsque les Russes avaient annonçaient qu'ils avaient trouvé un moyen de soigner cette infection, puisqu'ils ont réussi à mettre en évidence un vaccin, qu'ils avaient nommé « Spoutnik » en hommage à la première fusée envoyée dans l'espace, le monde occidental s'était insurgé en mettant en cause son efficacité, tandis que le vaccin anglais avait des effets secondaires non négligeables.

Ils ont également remis en cause l'efficacité des vaccins chinois « coronavac » du laboratoire sinovac, « sinopharm 1 » et « sinopharm 2 »

du laboratoire éponyme. Ce qui porte à trois le nombre de vaccins produits par la Chine et administrés de façon aléatoires à la population atteinte de ce virus ou pour renforcer son immunité. Avec ces trois vaccins produits à grande échelle, la Chine avait réussi son pari de vaincre ce nouveau fléau.

Comme on peut le constater, l'Algérie ne présente aucun danger quant à servir de foyer pour attiser la contamination dans le monde. On pourrait dire que la pandémie est éradiquée sur son sol. Quelques cas subsistent çà et là résultat de la mobilité des Algériens dans le reste du monde où la pandémie sévit encore, cas de la France. Ces voyageurs arrivants de pays d'Europe, France, Espagne, Angleterre, Italie, Belgique et bien d'autres pays, sont potentiellement porteurs de ce virus.

Au début, ils sont mis en quinzaine dans des hôtels de luxe au frais de l'Etat, pour être soignés le cas échéant et éviter qu'ils propagent ce virus à travers le pays, tandis que nos moyens de lutte étaient très limités.

C'était une alternative qu'il fallait mettre en évidence pour éviter une hécatombe due à cette maladie. Beaucoup de médecins avaient perdu la vie, n'ayant pas pris les précautions d'usage ou insuffisamment protégés. La maladie contre laquelle ils luttaient avait fini par avoir le dessus, parce qu'affaibli, du fait qu'ils se nourrissaient mal, dormaient peu et constamment aux chevets des malades fortement atteints.

Même le personnel hospitalier avait donnait son tribut pour que le reste de la population en soit indemne de toute infection liée à ce virus.

Quant à la Chine, bien que le foyer de la pandémie ait pris naissance dans ce pays, suivant les statistiques enregistrées par l'Organisation Mondiale de la Santé (OMS), la covid-19 et ses variants ne sévissent plus.

Considérant la population de ce pays dépassant les quatorze milliards d'habitants, on peut dire que la pandémie est circonscrite, mais le virus reste actif dans le pays, puisqu'on enregistre de temps en temps un regain d'activité du virus dans les zones très peuplées ne s'étant pas soumises aux mesures de sécurité sanitaires avec rigueur.

Toujours est-il que la Chine, qui avait vu naitre ce virus sur ces terres, reste le pays le plus nanti pour l'éradiquer de la surface de la terre.

La situation, au 03 avril 2023, se rapportant à la pandémie de covid-19, reste préoccupante en France. Les nouveaux cas quotidiens sont en hausse pour atteindre 8.147 cas, 12.939 hospitalisations, chiffre en baisse par rapport à la dernière semaine du mois de mars.

Les décès en hôpitaux et Ehpad sont également en hausse, soit un chiffre cumulé de 165.736 décès depuis l'apparition de la pandémie de la covid-19

et de ses variants. Quant à la vaccination, elle a atteint les 79 % de la population totale.

En termes de décès, l'Ile de France bat tous les records avec 28.805 décès, suivie par la région Auvergne-Rhône-Alpes avec 17.582 décès, puis le Grand Est avec 14.770 décès, le PACA avec 14.230 décès, les Hauts-de-France 13.690 décès, l'Occitanie avec 9.216 décès, la Nouvelle-Aquitaine avec 7.804 décès, Bourgogne-Franche-Comté avec 7.351 décès, la Normandie avec 5.570 décès, les Pays-de-la Loire avec 4.649 décès, le Centre-Val de Loire avec 4.531, la Bretagne avec 3.638 décès et enfin la Corse avec seulement 521 décès.

Paris et sa région sont devenus un foyer quasi inépuisable de ce virus covid-19 et ses variants et sont les moins vaccinés par rapport aux Régions Ouest de la France, notamment la Normandie 82 %, la Bretagne 83 %, les Pays-de-la Loire 81 %, le Centre-Val-de-Loire 80 % et enfin la Nouvelle Aquitaine 81%, et se range du côté des Régions de l'Est où le taux de vaccination oscille entre 67 % en Corse et 79 % dans les autres régions.

L'Université Johns Hopkins, ayant son siège aux Etats-Unis, qui suit de près l'évolution de cette pandémie n'avait pas cru bon de mentionner la Chine dans ses statistiques relatives à la pandémie de la covid-19 et ses variants, les jugeant bien en-deçà de la réalité du terrain. Ce qui est fort raisonnable. Mais d'un autre côté, elle mésestime les efforts fournis au début de l'endémie dans le domaine de la prévention et en appliquant avec rigueur les mesures de sécurité sanitaires requises.

La preuve de ces efforts nous est donnée par la construction d'un hôpital dédié à la covid-19 en seulement quelques jours. Dix jours exactement pour faire face à l'épidémie dans la ville de Wuhan.

La population de cette ville a été confinée pour ne pas propager ce virus en dehors de cette cité. Ce fut le début d'une endémie.

Ces mesures, qui n'avaient pas plu aux Chinois arguant la liberté indivivuelle, ont donné de bons résultats. La preuve, c'est qu'en Chine, pays de plus d'un milliard quatre cent millions d'habitants, le nombre de contaminés avoisine les 227.100 individus et le nombre de morts de la covid-19 ne dépassant guère les 5.226 êtres seulement. Il demeure que ces statistiques ne sont pas corroborées par des bureaux spécialisés tant chinois qu'occidentaux.

Aujourd'hui, la Chine est le pays le plus sûr comparé aux autres pays d'Amériques du Nord et du Sud et de l'Europe, voire du reste du monde.

Ceci nous rassure, Roseline et moi ainsi que notre Yuba, sur l'état de la pandémie due à ce covid-19. D'ailleurs, les Chinois n'en font pas une

psychose. Ils vivent le plus normalement du monde en ne pensant qu'à leurs obligations civiles et civiques.

Dès le premier jour, j'ai ressenti cette sérénité chez mes collègues de travail Chinois. Je ne pouvais qu'en faire de même, combien le marché où avait pris naissance ce fléau, que nous visitons chaque jour, soit situé dans notre périmètre spatial.

Ce n'est pas le cas de Farouk qui reçoit journellement des clients de Paris et de sa banlieue pouvant être porteur de ce virus covid-19 ou de son variant. Il avait fini par prendre l'habitude et baisser les bras quant à appliquer les mesures d'hygiène sanitaires d'usage. Ces clients sont devenus ses amis par la force des choses et de ce fait se congratulent en omettant la présence de ce virus, qui continue à faire des victimes dans Paris et la France entière.

Lorsqu'il nous arrivait de communiquer en visioconférence, je n'omettais pas de lui rappeler de préserver leur santé en appliquant les mesures d'hygiène sanitaires élémentaires contre ce virus. Il me retournait toujours la recommandation en me rappelant que c'est à Wuhan que ce virus avait pris naissance, c'est donc à nous de faire plus attention. Il oublie que nous sommes en Chine, ici, et que les Chinois étaient maîtres dans l'art de se protéger contre tous les maux.

Un simple exemple, l'apparition d'une simple grippe saisonnière fait porter les masques de protection contre le virus. Ici, personne ne veut être malade ou voir son voisin malade. Ils sont potentiellement et réciproquement vecteurs de ce mal. Et ça, ils le comprennent parfaitement pour s'en prémunir.

C'est ça qui fait la différence avec les autres populations du monde où l'on croit les priver de leur liberté individuelle dès que l'on parle de port de masque, de distanciation sociale ou de confinement.

Nous avons vu ce phénomène de désobéissance civile prendre la rue dans les pays scandinaves, en Suisse, en Angleterre et en Allemagne, pendant que d'autres se soumettaient corps et âme à ces règlements. Ces derniers étaient promulgués au lendemain de l'apparition de cette pandémie, pour ne pas être le vecteur de cette maladie fortement létale et plus encore très contagieuse. Des appels à la prudence étaient lancés pour éviter d'être en contact avec les différents vecteurs humains et naturels tel que l'air ambiant souillé par ce virus et toutes surfaces pouvant recevoir ce virus et le transmettre par simple contact avec celles-ci à l'homme.

Aujourd'hui, nous avons reçu à dîner Li Fun et son épouse Chikako. Ils étaient ravis autant que nous de nous retrouver ensembles.

Dans notre discussion, il n'avait jamais été question de ce virus ou de la pandémie, ni d'Emanuel. Nous avons omis ce côté sombre de la vie pour ne parler que de nos congés et de l'endroit où les passer.

Li Fun qui a aimé le Sud algérien, voulait y repartir pour s'imprégner davantage de la culture algérienne en général et touareg en particulier. Nous avons convenu d'y consacrer quelques jours de nos congés annuels.

C'est l'occasion pour notre petite famille de renouer avec les siens, d'autant plus que toutes les contraintes liées au voyage avaient été levées à l'exception de la vaccination contre la covid-19 ou de la production d'un test PCR négatif récent, moins de 72 heures.

C'est ce qui est demandé un peu partout dans le monde, pour éviter de relancer de nouveaux foyers endémiques et permettre à ce fléau de s'installer durablement.

Chikako, elle, ne s'était pas séparée de notre Yuba, qui, maintenant, parle couramment le Chinois.

Après le départ de Li Fun et de Chikako, son épouse, nous nous sommes retrouvés seuls. Un calme relatif avait envahi la maison. Pendant que Yuba jouait avec son robot, Roseline et moi mettons de l'ordre dans la salle à manger. Le gros de la vaisselle avait été mis dans le lave-vaisselle, que Roseline avait mis en marche. Nous avions lavé à la main ce qui pouvait l'être présentement.

La nuit fut douce et agréable. Nous avions dormis comme des loirs. Le rituel de la vie nous avait rattrapés pour vaquer à nos affaires.

En rentrant au bureau, j'ai trouvé Li Fun, devenu lève-tôt comme à ses habitudes, en discussion avec Emanuel en visioconférence. Il est question qu'il transite par Wuhan en revenant de Nouvelle-Zélande.

Pour Emanuel, Portland est devenu son second pied-à-terre et, ce, depuis que Li Fun l'y avait emmené pour la première fois.

La Nouvelle-Zélande est classée au 45 ème rang des pays infectés par la covid-19 avec 2.206.394 cas confirmés et 2.662 décès pour une population de 5.025.000 habitants. C'est le pays où le taux de contaminés par rapport à la population locale est le plus élevé, soit 43,9 % et un taux de mortalité de 0,053 %.

Li Fun me salua de la main et je fis autant. Je regagnai mon bureau pour débuter la journée, tout en sachant que Li Fun me mettra au courant sur le contenu de leur communication.

Je n'avais pas attendu longtemps pour voir Li Fun dans l'encadrement de la porte de mon bureau. Je cessais de travailler.

Il prit un fauteuil et me dit :

– Je dois partir pour Auckland cet après-midi. Emanuel a besoin de moi là-bas.

N'ayant rien à lui dire, je suis resté silencieux. Et par la même occasion, j'attendais qu'il aille au bout de son information.

Par ailleurs, je me demandais, qu'est-ce que Li Fun pouvait faire à Auckland, qu'il ne ferait pas lui-même ?

Li Fun me tira de mes pensées en disant.

– Il a trouvé de nouveaux locaux pour installer un show-room plus spacieux et veut mon avis. Au plan des ventes, Auckland bat les records ces derniers temps.

Je me disais intérieurement : Ce n'est rien que ça ? Puis opina :

– Emanuel n'aime pas décider seul sur ce qui est lucratif pour l'entreprise. Il aime avoir l'avis de spécialistes. Je sais que vous lui serez d'un grand secours.

Li Fun s'est préparé pour un long séjour. Il partit dans l'après-midi même. Je suis resté seul avec le second de Li Fun. Je fis comme si Li Fun était là et n'intervins qu'en cas de besoin. Je laissais les Chinois mener à bon terme leurs activités.

C'est une semaine après qu'Emanuel et Li Fun, ayant terminé leur travail à Auckland, firent leur apparition à Wuhan. Comme ils rentraient d'un pays où la covid-19 sévit encore, comme eux j'appliquais les mesures d'hygiène sanitaires, masque et distanciation sociale à leur égard. J'ai remarqué qu'Emanuel ne semblait pas avoir toute sa santé. Li Fun me confia qu'il est probable qu'Emanuel ait contracté ce virus dès son arrivée à Auckland. Il savait que le pays est infecté, il n'aurait jamais dû y aller.

Le lendemain tôt la matinée, Li Fun l'emmena dans un hôpital pour subir les premiers examens. Ces derniers s'avérèrent tous positifs. Considérant ces résultats, les médecins le retinrent à l'hôpital. Emanuel n'avait rien dit. Il avait accepté le sort que lui avait réservé la vie. Mais savait aussi qu'il

était entre de bonnes mains. Il en sortira donc guéri. Il n'avait pas demandé à être transféré en France, sachant que la situation est bien pire qu'en Nouvelle-Zélande.

La preuve est là. En Chine on ne parle plus de cette pandémie et en France on continue d'enregistrer des cas de covid-19 confirmés par milliers de personnes, soit 7 288 cas en vingt-quatre heures pour être précis, 382 hospitalisations et 37 hospitalisation en soins critiques par jour. Ces statistiques donnent à réfléchir pour quelqu'un qui est déjà en bonnes mains pour recevoir les soins appropriés.

Personne n'était au courant de son hospitalisation, hormis Li Fun et moi et probablement Chikako. Je n'en suis pas sûr, mais Li Fun pourrait l'avoir mise au courant en aparté, la maladie d'Emanuel n'étant pas un secret d'Etat.

Lorsque j'ai informé Roseline de ce qui est arrivé à Emanuel, elle était abasourdie. D'ailleurs, comme je le fus moi-même, lorsque Li Fun m'avait fait la confidence. Nous avions tous pensé qu'Emanuel avait fait tous ces vaccins pour se promener librement dans les pays à hauts risques de covid-19, comme l'est la Nouvelle-Zélande en ce moment.

Roseline et moi avions gardé le secret et attendions sa sortie d'hôpital.

Emanuel est mis en soins intensifs et sa vie n'est pas engagée. Grâce aux soins prodigués par l'équipe de médecins chinois, il sera bientôt sur pieds et pourrait regagner Paris en toute tranquillité.

Pour ne pas laisser souffrir les affaires en France, de son lit d'hôpital, Emanuel avait ordonné à Tarik de regagner Paris et que lui restera en Chine pour une longue convalescence.

Li Fun, qui était chargé de l'exécution de cet ordre, devait se passer de la collaboration de Tarik et devra reprendre à son compte toutes les affaires en Chine et dans toute l'Asie y compris l'Océanie.

On ne pourrait pas dire que Tarik n'était pas content de cette nouvelle. Il en était même ravi. Enfin il pourra faire des allers-retours entre Paris et Alger, quasiment tous les weekends. Ce n'est pas le cas de Wuhan avec le décalage horaire. Quant à Roseline, habituée à Chikako, et les paysages de Chine, n'était pas très emballée. D'ailleurs, elle commence à en avoir assez de ces va-et-vient entre Paris et Wuhan et inversement, le plus souvent pour satisfaire aux humeurs d'Emanuel et où la nécessité impérieuse de service n'était jamais invoquée.

Roseline et Tarik avaient pris le temps nécessaire pour organiser leur retour à Paris. Li Fun et son épouse Chikako les avaient accompagnés à l'aéroport.

Pour une fois depuis qu'ils se connaissent, ceci remontant à des années, Li Fun avait versé une larme. Tarik, pris par les mêmes émotions, n'arrivait pas à prononcer un mot. Lui aussi était bouleversé devant tant d'amour que leur vouèrent la famille de Li Fun.

Roseline et Chikako entrelacées, ne parviennent pas à se démêler. Beaucoup de voyageurs regardaient la scène avec empathie. Quant à Tarik et Li Fun attendaient que se séparent les deux dames pour faire leurs adieux.

Yuba aussi a fait ses adieux à Chikako. Elle était tellement attachée à l'enfant, qu'elle ne parvenait pas à le libérer de son étreinte.

Enfin, c'est le départ. Les mains se levaient pour un dernier adieu. Puis c'est fini. Li Fun et Chikako ont quitté l'aéroport, Tarik et sa famille ont pris l'avion à destination de Paris, la capitale française.

Fourqueux n'a pas tellement changé depuis le départ de Tarik et sa famille en Chine. Ce qui change, ce sont de nouvelles habitudes qu'il faut acquérir après cette longue absence pour être en harmonie avec l'environnement social et professionnel.

A Colombes c'est la fête. Oui, on fête le retour de Tarik, Roseline et Yuba dans le cercle familial.

Clotilde, elle, avait versé une larme chaude, venant de son profond être, pour avoir retrouvé enfin les êtres chers, qui lui ont manquée.

A son tour et prise par les sentiments, Roseline, qui regardait sa maman en pleurs, ne manqua pas, elle aussi, de verser une larme. Pris d'engouement, Farouk n'arrivait pas à articuler une phrase.

Seul Tarik échappa à cette situation, non pas par manque de sentiments, mais par conviction que le paternalisme ne facilite pas les bonnes relations humaines, lorsque l'on sait qu'il doit vivre sa vie indépendamment de son entourage familial. Alors, il s'était mis à consoler tout le monde pour les ramener à la raison.

Pendant ce temps à Wuhan, Li Fun partageait sa vie entre le travail, sa famille et l'hôpital où Emanuel y est toujours présent. Son cas est grave selon les médecins en charge, mais son capital vital n'est pas engagé. Il devra juste séjourner un peu plus que prévu en soins intensifs.

Tarik a repris la direction des opérations au sein de l'entreprise. En relations constantes avec Wuhan, notamment Li fun, il avait appris que le cas de son patron risque de prendre un peu de temps avant qu'il ne quitte l'hôpital et se mette au travail. Tout le monde s'accorde à dire d'Emanuel comme étant un homme très actif au sein de son entreprise.

Aux dernières statistiques, Paris n'est pas sorti de la bande rouge. La situation reste préoccupante même dans les autres régions de France. En voici les statistiques :

- Monde 761.926.704 cas de coronavirus et 6.889.973 décès de ce coronavirus au 07.04.2023. Taux d'incidence par rapport au nombre de cas : 0,904% et par rapport à la population mondiale dépassant les huit milliards d'âmes : 0,086%. Taux de cas confirmés : 9,524 %.

- France 38.677.413 cas, 165.857 décès.

En France métropolitaine, l'évolution de la pandémie donne les chiffres suivants non pas en terme de cas, mais d'hospitalisation et de décès soit 12.627 hospitalisés, 713 en réanimation et 24 décès en 24 heures, se répartissant comme suit :

- Ile-de-France 4.895 (+20) hospitalisés, 322 (+5) en réanimation et +2 décès en 24 h.
–Grand-Est 681(-1) hospitalisés, 42(+2) en réanimation et +1 décès en 24 heures.
–Hauts de France 1239 (+1) hospitalisés 43 (+2) en réanimation et +6 décès en 24 h.
–Auvergne Rhône Alpes 935 (+5) hospitalisés, 43 (0) en réanimation et +3 décès en 24h.
–Provence-Alpes Côte d'Azur 807 (+5) hospitalisé, 44 (+5) en réanimation et +1 décès en 24h.
–Bretagne : 378 (+5) hospitalisés, 10(+2) en réanimation et +3 décès en 24h.
–Normandie : 460 (-12) hospitalisés, 16(0) en réanimation et+2décès en 24h.
–Nouvelle-Aquitaine : 1.125 (+6) hospitalisés, 77 (+2) en réanimation et +1 décès en 24h.
–Pays de la Loire 173 (+3) hospitalisés, 8 (+1) en réanimation et +1 décès en 24h.
–Occitanie 755 (+16) hospitalisés, 55(+7) en réanimation et +2 décès en 24h.
–Centre val de Loire : 628 (-27) hospitalisés, 24 (-1) en réanimation et +2 décès en 24h.
–Bourgogne-Franche-Comté: 551(-14) hospitalisés, 29 (0) en réanimation et 0 décès en 24h.

En Ile de France on enregistre vingt hospitalisations, cinq en réanimation et deux décès en vingt-quatre heures.

Toujours en Ile de France, les tests virologiques (RT-PCR) donnent un taux de 15,68 % de positivité par rapport au nombre de personnes testées, sachant que les tests ne sont pas obligatoires mais volontaires. Des gens, se sentant malade de n'importe quoi, se présentent à l'hôpital pour une consultation et subissent par la même occasion un test covid-19. Imaginons quels résultats allons-nous avoir, si toute la population parisienne se ferait testée ?

Au regard de la situation de la covid-19 dans les Régions de France, l'on s'aperçoit que la pandémie n'est pas vaincue et reste très active malgré la vaccination de la population ayant atteint les 85 %.

Selon les spécialistes du domaine, la couverture vaccinale n'étant pas immédiate, le virus pouvait agir, donc infecter toute personne, qui en serait exposée après avoir reçu le vaccin. C'était l'une des raisons ayant motivé le maintien des mesures d'hygiène sanitaires que l'Organisation Mondiale de la Santé ne cesse de répéter. Cette dernière va encore plus loin en appelant les pays nantis à faciliter l'accès aux méthodes et moyens de lutte contre cette pandémie notamment aux médicaments, qui demeurent encore rares sur le marché, insuffisance de production ou assez chers pour ne pas être à la portée de certains Etats.

L'O.M.S vise ce dernier point qui reste obscure, la production de vaccins n'étant pas soutenue par les Etats pour que les pays pauvres puissent bénéficier de soins au même titre que les pays nantis ou en mesure de produire le vaccin.

Il faut encore des mois pour que cet agent pathogène puisse être vaincu par l'effet vaccinal et il subsistera toujours des foyers endémiques d'où naîtront de nouvelles souches, comme cela était le cas avec les variants, pour lesquelles le vaccin serait en partie inefficace.

Au train où vont les choses, il faut souffrir encore longtemps avant de voir ce virus disparaître de la surface de la terre.

Actuellement nous en sommes au variant « omicron », et Dieu seul sait s'il n'y en aurait pas d'autres, qui feraient leur apparition dans les zones endémiques du globe.

L'information relative à la pandémie circulant bien en France, Tarik se trouve, de ce fait, suffisamment outillé pour protéger sa famille de ce fléau. Il continuera à observer les mesures d'hygiène sanitaires telles qu'elles ont été promulguées par les autorités sanitaires du pays voire de l'Organisation Mondiale de la Santé (OMS).

A Wuhan, Emanuel n'est plus en danger, selon Li Fun. La médecine Chinoise est venue à bout de ce virus. Il est toujours en convalescence, mais cette fois-ci, cantonné dans son domicile. Une petite villa que son père avait achetée de son vivant où il passait le meilleur de son temps, lorsqu'il se rendait à Wuhan dans le district de Hubei en Chine.

La maladie l'avait enfin lâché. Il n'est plus contagieux. Sa villa a été désinfectée par les services sanitaires spécialisés. De ce fait, il pouvait recevoir du monde, notamment ses amis et clients d'affaires.

Comme il s'est fait de bonnes relations d'affaires et humaines, tous ces clients venaient lui rendre visite. Sa villa est devenue un lieu de villégiature pour la gent masculine et féminine.

Toutes ces amabilités l'ont conforté dans sa position de demeurer à Wuhan en Chine. Et puis, c'est là que sont ses véritables affaires de la production et la commercialisation. Paris n'est plus qu'une Succursale pouvant être gérée de loin et en visioconférence. Le personnel qualifié est en place et à leur tête Tarik pour qui il ne tarissait pas d'éloges. Il considère à juste titre que Li Fun et Tarik sont les piliers centraux de son usine et il ne se séparerait d'eux à aucun moment et quelle qu'en soit la raison.

Li Fun donnait de ses nouvelles chaque fois qu'il communiquait avec Tarik, en vidéoconférence pour une raison ou une autre. Ce qui fait que Tarik est au courant de l'évolution de la guérison de son patron, qu'il transmet à toute l'équipe travaillant avec lui à Paris.

A Fourqueux, chez lui, Tarik, entouré des siens, vit les meilleurs moments de sa vie, qu'il partage le plus souvent avec Farouk et sa famille.

Nous savons tous, que la pandémie de Covid-19 a beaucoup de temps devant elle avant de s'estamper et disparaître de la surface de la terre. Mais elle restera, statistiquement parlant, comme une référence des maladies ayant émergées au vingt-et-unième siècle, qui a donné du fil à retordre à la communauté scientifique médicale du monde avant de lui trouver un vaccin palliatif dont l'efficacité n'avait jamais atteint les cent pour cent.

Nous continuerons de souffrir de ce fléau encore longtemps avant que le corps humain puisse assurer sa propre défense en développant l'immunité requise.

La dernière situation de cette pandémie, fournie par l'Organisation Mondiale de la Santé (O.M.S) se présente comme suit :

–Monde 761.926.704 cas, 6.889.973 décès.

Détail par pays pris de façon aléatoire et incomplète :

– Afrique du Sud 4.072.533 cas, 102.595 décès ;
– Algérie 271.592 cas, 6.881 décès :
– Allemagne 38.359.611 cas, 171.059 décès ;
– Arabie Saoudite 834.422 cas, 9.631 décès ;
– Argentine 10.044.957 cas, 130.472 décès ;
– Australie 11.101.234 cas, 19.539 décès ;
– Autriche 6.037.996 cas, 22.139 décès ;
–Australie 11.101.234 cas, 19.539 décès ;

– Argentine 10.044.957 cas, 130.472 décès ;
– Autriche 6.037.996 cas, 22.139 décès ;
– Belgique 1.300.490 cas, 34.059 décès ;
– Bulgarie 37.258.663 cas, 38.268 décès ;
– Brésil 37.258.663 cas, 700.239 décès ;
– Canada 4.634.277 cas, 52.121 décès ;
– Chypre 650.685 cas, 1.349 décès ;
– Corée du Sud 30.844.726 cas, 34.281 décès ;
– Croatie 1.270.891 cas, 18.069 décès ;
– Danemark 3.409.028 cas, 8.396 décès ;
– Espagne 13.798.747 cas, 120.426 décès ;
– Estonie 616.862 cas, 2.971 décès ;
– Etats Unis 102.873.924 cas, 1.118.800 décès ;
– Fédération de Russie 22.671.103 cas, 397.384 décès ;
– Finlande 1.466.778 cas, 9.054 décès ;
– Grèce 5.965.643 cas, 36.582 décès ;
– Hongrie 2.199.146 cas, 48.719 décès ;
– Inde 44.729.284 cas, 530.901 décès ;
– Indonésie 6.748.308 cas, 161.035 décès ;
– Iran 7.592.255 cas, 145.391 décès ;
– Irlande 1.707.466 cas, 8.763 décès ;
– Israël 4.815.175 cas, 12.404 décès ;
– Italie 25.695.311 cas, 189.089 décès ;
– Japon 33.469.149 cas, 73.953 décès ;
– Kazakhstan 1.501.037 cas, 19.072 décès ;
– Lettonie 976.989 cas, 6.312 décès ;
– Libye 507.206 cas, 6.437 décès ;
– Lituanie 1.315.042 cas, 9.641 décès ;
– Luxembourg 319.959 cas, 1.232 décès ;
– Malte 118.133 cas, 832 décès ;
– Maroc 1.272.679 cas, 16.296 décès ;
– Mauritanie 63.515 cas, 997 décès ;
– Mexique 7.544.489 cas, 333.539 décès ;
– Mongolie 1.007.915 cas, 2.136 décès ;
– Pays-Bas 8.609.661 cas, 22.992 décès ;
– Pérou 4.492.891 cas, 219.784 décès ;
– Pologne 6.499.737 cas, 119.378 décès ;
– Portugal 5.576.583 cas, 26.450 décès ;
– Répub. Démo du Congo 95.944 cas, 1.464 décès ;
– Répub. Popul.de Chine 99.238.586 cas, 120.896 décès ;
– République Tchèque 4.536.883 cas, 42.671 décès ;
– Royaume Uni 24.311.933 cas, 211.155 décès ;
– Roumanie 3.374.825 cas, 67.917 décès ;

– Slovaquie 1.865.581 cas, 21.114 décès ;
– Slovénie 1.341.187 cas, 9.227 décès ;
– Soudan 18.368 cas, 138 décès ;
– Suède 2.701.687 cas, 23.861 décès ;
– Suisse 4.399.085 cas, 13.981 décès ;
– Taïwan 9.970.937 cas, 17.672 décès ;
– Tchéquie 4.634.883 cas, 42.671 décès ;
– Thaïlande 4.728.799 cas, 33.938 décès :
– Tunisie 1.151.832 cas, 29.362 décès ;
– Turquie 17.004.677 cas, 101.419 décès ;
… etc …

La pandémie continue à faire des victimes dans la population du monde et, ce, malgré les mesures de sécurité sanitaires adoptées par les pays, notamment la vaccination à grande échelle opérée par ces mêmes Etats.

A titre indicatif et sans être exhaustive, la situation vaccinale dans le monde au 11 avril 2023 se présente en valeur relative (%) comme suit :

– Chine 89,54 % soit 1.276.790.000 individus ;
– Malte 88,40 % « 471.442 «
– Taïwan 86,75 % « 20.727.293 «
– Portugal 86,59 % « 8.893.649 «
– Corée du Sud 85,75 % « 44.430.479 «
– Espagne 85,64 % « 40.730.568 «
– Pérou 83,76 % « 28.521.359 «
– Japon 83,35 % « 103.314.553 «
– Australie 82,72 % « 21.654.488 «
– Canada 82,60 % « 31.762.130 «
– Brésil 81,66 % « 175.832.576 «
– Italie 81,24 % « 47.961.642 «
– Irlande 80,84 % « 4.060.647 «
– Danemark 80,78 % « 4.751.688 «
– France 79,28 % « 53.763.838 «
– Belgique 78,65 % « 9.167.947 «
– Argentine 76,56 % « 34.843.349 «
– Allemagne 76,24 % « 63.558.541 «
– Grèce 73,61 % « 7.644.286 «
– Suède 72,39 % « 7.636.156 «
– Luxembourg 71,44 % « 462.629 «
– Suisse 68,79 % « 6.012429 «
– Lituanie 68,37 % « 1.880.200 «
– Etats-Unis 67,99 % « 229.996.296 «

– Inde	67,19 %	«	951.879.693	«
– Iran	66,11 %	«	58.544.482	«
– Tchéquie	65,68 %	«	6.892.135	«
– Israël	65,18 %	«	6.158.864	«
– Estonie	64,00 %	«	848.685	«
– Maroc	62,79 %	«	23.520.201	«
– Pologne	58,81 %	«	22.641.752	«
– Croat	55,85 %	«	2.251.147	«
– Russie	54,96 %	«	79.537.850	«
– Tunisie	51,79 %	«	6.398.855	«
– Mauritanie	32,47 %	«	1.537.717	«
– Bulgarie	30,61 %	«	2.075.993	«
– Soudan	22,49 %	«	10.540.038	«
– R.D. Congo	9,23 %	«	9.138.538	«

… etc. …

Pour ne citer que ces pays, les statistiques des autres pays n'étant pas à jour.

Comme on peut le constater, la production à grande échelle des vaccins par les laboratoires les ayant produits avait suffi juste à satisfaire la demande interne. C'est la raison pour laquelle l'autorité sanitaire mondiale avait fait la remarque concernant la disponibilité des traitements n'étant pas à la portée des malades pour juguler voire éradiquer ce nouveau fléau.

Au sein même des pays développés les pourcentages de vaccination n'ont pas atteint les 90% de leur population. Le seul pays dont le pourcentage frôle les 90 % est la Chine. Atteindre ce taux pour une population dépassant le milliard quatre cent millions c'est faire preuve d'une culture sociale et sociétale sans équivoque.

Les Chinois aiment leurs proches pour ne pas vouloir leur faire du mal en étant le vecteur potentiel de cette maladie. La vaccination, pour eux, est un leitmotiv, voire un devoir, utilisé pour garantir leur bien-être.

Dans les pays sous-développés la vaccination est considérée comme une bouée de survie, sans laquelle toute la famille serait en péril.

Malheureusement, ces pays n'ont pas les moyens nécessaires pour réaliser leur rêve et éloigner ce fléau de leurs demeures, les vaccins coûtaient chers et n'étaient pas à la portée des Etats. Quant aux dons ils n'étaient pas importants pour vacciner toute la population.

Epilogue

A Colombes, toute la famille s'est réunie pour fêter deux événements de taille sans se soucier de la covid-19, qui sévit encore dans certains quartiers de Paris. :

– L'obtention par Clément de son doctorat en biologie ;
– Le départ définitif de Roseline, par démission, des « Ateliers Electroménagers de France-Legrant-».

Le grand salon de la résidence de la rue de l'Industrie a de nouveau réuni la famille de Farouk tirée aux quatre épingles. Clotilde et Roseline avaient mis leurs plus beaux atours, et Farouk son smoking des grandes occasions. Quant à Tarik, habillé en panaché, attirait bien des regards de la gent féminine accompagnant les invités. Le petit Yuba, lui, avait aussi mis son smoking pour ne pas paraître indifférent des autres invités sur le fashion.

Le salon est plein à craquer. Un grand buffet, géré par le chef de rang du restaurant, avait été dressé pour l'occasion. Certains sirotaient des sodas et d'autres leur boisson préférée en vins et spiritueux.

Une musique douce s'échappait du « jukebox » et on croit reconnaître dans le moment le vertueux et émérite Mozart. Certains n'ont pas hésité à entamer un pas de danse comme au temps de la royauté. Par contre d'autres discutaient à voix basse en aparté.

On avait dansé bien tard et jusqu'au moment où tout le monde était convié à diner au « Bar- Restaurant - Le Tout-Paris Gastronomique» » sis à l'Avenue du Général- de Gaulle, où un somptueux repas attend les invités.

La fête s'était terminée dans l'allégresse générale.

La covid-19, elle, a encore du temps à prendre et à gagner les technologies modernes, les virologues et infectiologues ne lui ayant pas encore trouvé un antidote capable de l'éradiquer de la surface de la terre.

Printed by Books on Demand GmbH, Norderstedt / Germany